Francis Reyes

CAMIONS DE LEGENDE

EDITIONS MASSIN

Remerciements

A Puce, Emylou, Alexis et au Marquis d'Oison. A Paul Berliet et Monique Chapelle pour leur confiance et leur enthousiasme à l'égard de ce livre, à Marcel-Aimé Benoît pour sa collaboration très active, à Carole Valette et Anne Carrière qui ont su choisir les bons documents parmi des milliers et à Maurice Chevalier, François Guard et Roland Berthier pour avoir maintes et maintes fois déplacé les véhicules au Montellier lors des séances photos. Merci à Pierre Gentilhomme d'avoir joué les acrobates pour installer le décor et créer des lumières dignes de ces magnifiques camions. Merci également à Jean et François Chapelle de nous avoir permis de réaliser de belles images au Machard, ainsi qu'à M. et Mme Millot de la ferme du Montellier pour leur gentillesse. Et enfin merci à Gilles Barissat, PDG des Editions du Monde et Directeur de France Routes, qui m'a permis d'utiliser toute la matière indispensable à la réalisation de ce livre.

A Emylou

Aubin-Imprimeur Ligugé-Poitiers
Imprimeur n° P 41396
Dépôt légal : octobre 1992
Relié par la S.I.R.C.
Marigny-le-Châtel

Les photographies sont de Francis REYES.
Assisté de Pierre GENTILHOMME.

La maquette est d'Isabelle SUDRIES.

Toutes les archives proviennent de la Fondation de l'Automobile Marius BERLIET.

Né en 1947 à Solférino dans les Landes, journaliste, reporter-photographe depuis 20 ans, Francis Reyes collabore avec la presse internationale. Rédacteur en chef du magazine France Routes, son regard sur le camion plus sensibilisé par ce qu'il représente de rêve et d'aventure, que par l'aspect purement technique a incité des millions de gens à s'intéresser à une autre image du véhicule industriel. Moins brutale, moins agressive. Et à l'observer d'un œil moins critique. Francis Reyes est également l'auteur d'un livre consacré aux bottiers Texans publié aux Editions Richer, et de Camions Passion, publié aux Editions Atlas-Richer. En 1988 il a réalisé un long métrage sur les routiers américains pour Canal Plus.

CAMIONS DE LEGENDE

Les inconditionnels de l'ordre et du récit conté au millimètre ne trouveront pas leur bonheur dans Camions de Légende. Quoique ! Par contre ceux qui aiment s'attarder sans se préoccuper de l'heure et adorent traverser des époques chargées d'histoires et d'aventures se complairont à feuilleter les pages de ce livre qui n'a surtout pas la prétention de jouer la référence. A l'inverse, Camions de Légende se balade avec la légèreté d'une plume au milieu d'une authentique caverne d'Ali Baba. Au cœur d'immenses richesses amoureusement restaurées et sauvées de l'oubli par des gens dont l'existence et le camion ne font qu'un. Ce livre vous invite à flâner sur les courbes amoureusement dessinées par des gens dont la volonté de créer un bon produit n'en excluait pas pour autant un goût prononcé pour les plus belles machines. Camions de Légende ne veut surtout pas avoir un regard nostalgique sur le passé mais seulement la vocation d'inciter les enfants, petits et grands, à renouer avec cette fantastique époque où les règles de la modernité n'étaient pas encore fixées comme un butoir à une créativité peut être moins rationnelle, mais tellement plus poétique.

Francis Reyes

Dans ce monde technique qui tend à imposer l'image de l'éphémère, le photographe, comme hier le peintre, arrête un instant notre regard pour nous faire réfléchir.

PREFACE

Instruments de travail, produits utilitaires, les véhicules industriels ont pourtant été dans leur conception, leurs composants, leur assemblage, l'objet de recherches de perfectionnement technique et esthétique pour plaire à un client compétent. Les routes, à l'assaut des pentes, pouvaient s'élancer à la conquête de nouveaux espaces, permettre des transports où chacun pouvait choisir son itinéraire sans avoir besoin de faire à chaque côte souffler ses chevaux. Le camion répondait aussi aux besoins nouveaux de l'agriculture, des villes tentaculaires. Une récente étude n'a-t-elle pas montré que ce sont 31 tonnes de produits par habitant et par an que la route doit acheminer vers la ville. Et l'on comprend mieux alors notre volonté de sauvegarder, de réhabiliter, de rendre la dignité à ces outils oubliés mais qui ont bouleversé notre civilisation depuis le début du XXe siècle. Qui aurait pu prévoir que le TAR Latil 4×4, reçu au Concours militaire de 1913, serait le père de tous les quatros et FWD du monde ? Ou que le camion Berliet M, premier engin construit en série, serait un jour classé Monument historique, c'est-à-dire objet d'art ? Le faible confort d'une capote de toile peut aujourd'hui faire sourire, mais quel progrès pour le roulier qui quittait le brancard de son tombereau pour être à l'abri du soleil et de la pluie. Si, peu à peu, l'oubli recouvre les noms des entrepreneurs, des ingénieurs, des compagnons à qui nous devons tant d'innovations, ces images rendent hommage à leur participation active à notre vie de liberté dans la communication. Grâce à leur capacité à réaliser ce qu'ils avaient dessiné d'un coup de crayon, grâce à cette intelligence de la main, grâce aux perfectionnements qu'ils ont accomplis, année après année, nous possédons aujourd'hui des outils puissants, fiables, silencieux, rapides, confortables. En 1990, un moteur qui a la configuration et le poids de celui de 1930 est dix fois plus puissant et vingt fois plus endurant. Le pneumatique qui crevait en moyenne tous les 35 km à cause des clous laissés sur la chaussée par plus de 1 500 000 chevaux de trait existant en France, a une longévité de 500 000 km avec quelle vitesse et quelle charge !... On n'achète plus l'essence chez le pharmacien... On n'entend plus l'eau bouillir dans le radiateur... Ces étapes, ces progrès, ces efforts que Francis Reyes nous fait découvrir nous remplissent d'admiration et d'humilité et nous incitent au rêve.

Paul BERLIET

La voiturette N° 1 construite par Marius Berliet en 1894 dans le fond du jardin de la maison familiale Petite-Rue d'Enfer. La largeur du portail ne permettait pas de construire une voiture de plus de 0,85 m de large.

Illustration réalisée à l'occasion du Salon de l'Automobile de 1907 et représentant deux Berliet traversant l'Arlberg en Autriche. Les occupants portent des costumes de Strôm.

Ci-contre à gauche : Marius Berliet au volant de la fameuse voiture Victoria construite pour l'étrange M. Portes en 1897. A ses côtés son cousin Francis Geay.

Marius Berliet dans son bureau de l'usine de Montplaisir à Lyon vers 1906.

MARIUS BERLIET

Marius Berliet, inventeur de génie, visionnaire hors pair, travailleur acharné nanti d'une force morale indestructible, possédait tous les atouts pour inscrire son nom dans la fabuleuse légende des concepteurs de l'automobile. Né le 21 janvier 1866 à Lyon dans le quartier de la Croix-Rousse, Marius Berliet n'a que 14 ans lorsqu'il débute dans l'atelier de tissage de son père Joseph où il gagne 50 francs par mois.

Très rapidement son esprit inventif fait merveille. Il réussit après seulement quelques années de labeur, à multiplier par dix le chiffre d'affaires de l'entreprise Berliet-Bellet, grâce non seulement à quelques innovations de son crû mais également à son sens inné de l'organisation. Cependant les métiers à tisser Jacquard le passionnent bien moins que cette voiture à pétrole aperçue Cours Gambetta et pilotée par Emile Lavirotte et Maurice Audibert. Deux jeunes Lyonnais qui, à l'époque avaient emprunté 50 000 F, soit 10 années de salaire de Marius, pour développer ce projet. Nous sommes en 1893 et Marius Berliet décide lui aussi de se lancer dans la fantastique aventure de l'automobile. Il obtient de sa mère sa part d'héritage et de son cousin Francis Geay qu'il lui prête un appentis situé derrière son usine. En 1895 la voiturette N° 1 voit le jour. Et malgré des essais catastrophiques il réussit à force de travail et d'innovations à parcourir la distance Lyon-Neuville sans incident et vend cette première voiture à un ami. La Berliet N° 1 terminera sa carrière en percutant une vache. Et pour finir les finances de Marius ne sont guère brillantes.

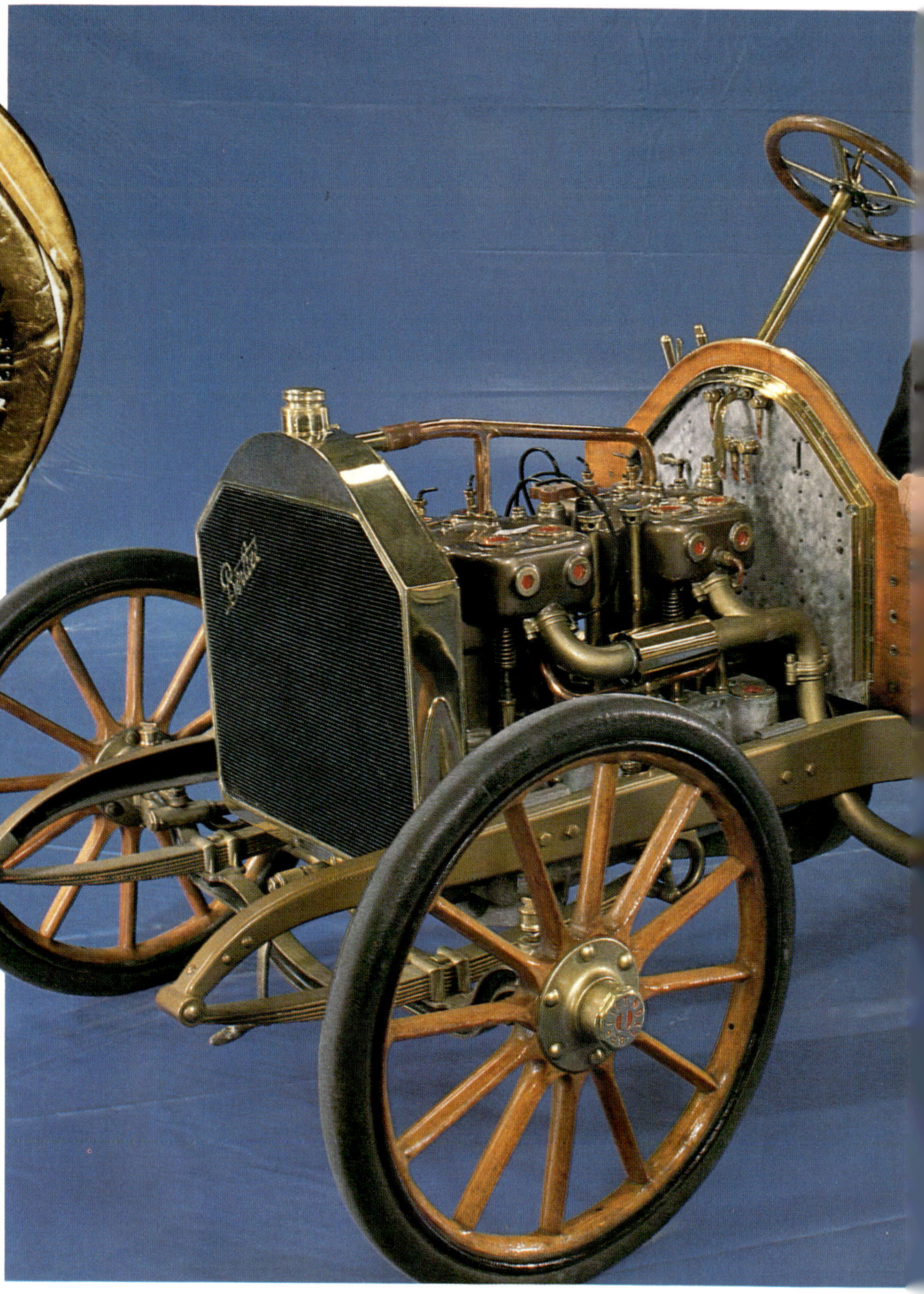

Ci-contre : Paul Berliet pose sur l'automobile dont la licence a été vendue à M. Pitkins, richissime américain constructeur de locomotives et président de l'ALCO (American Locomotive Corporation). Ci-dessus : le sigle de l'American Locomotive Motor Car Licence Berliet.

Mais malgré des prédictions paternelles peu encourageantes, le sort en décide autrement et l'aubaine se présente sous la forme d'un prêt de 10 000 francs provenant d'un commanditaire finalement plus mécène que réellement passionné par l'automobile. Quoi qu'il en soit cette seconde chance sera la bonne. En 1897 la deuxième voiture est une réussite. Deux ans après, libéré de son devoir d'obéissance après la mort de son père, Marius décide de se consacrer entièrement à l'automobile. En 1899, il présente une voiturette au salon qui se tient à Lyon et durant les trois années qui suivront ce premier succès, il cherchera, innovera et accomplira d'étonnants progrès. Ces résultats l'incitent à revendre son atelier de 90 m² puis à s'installer dans des locaux de 450 m². C'est la première usine de Marius Berliet. Il y construira 100 voitures en un an. En 1902 il rachète l'usine des Audibert et Lavirotte et se retrouve à la tête d'une usine de 10 000 m². 250 ouvriers et cadres travaillent sous ses ordres. Marius Berliet a 38 ans.

Puis comme un bonheur n'arrive jamais seul, débarquera ce fameux M. Pitkins, un Américain fortuné, propriétaire de l'ALCO (American Locomotive Corporation), qui proposera à Marius Berliet la somme de 500 000 francs-or contre la licence des automobiles Berliet. Grâce à ces 25 000 louis d'or, Marius Berliet édifiera à Montplaisir une usine dotée de tous les moyens industriels modernes et entrera ainsi dans la légende des plus grands constructeurs automobiles de la planète.

Ci-contre à droite : Automobiles Berliet ayant participé à la légendaire Targa Florio en Sicile (1907). Malgré de nombreux succès remportés en compétition Marius Berliet abandonne la course automobile et les circuits pour se consacrer au développement des voitures de tourisme.

Ci-dessus : Berliet Type M vers 1909-1910 utilisé par les Messageries Dauphinoises. Il s'agit là d'une version identique à celle du Berliet 22 HP Type M classé monument historique en 1988.

Ci-contre : La Coupe des Pyrénées. 1905. Balbot sur sa 22-CH Berliet munie de pneus Continental (fortes toiles) et équipée d'un allumage par magnéto Simms Bosch, se classe 1er dans la 4e catégorie (voitures de 12000 à 18000 F). Peu de gens le savent, mais Marius Berliet a remporté d'immenses succès en compétition automobile.

Ci-contre : Paul Berliet installé ici au bureau de son père Marius Berliet. Chacun des objets est resté à sa place, y compris ce livre d'Henry Ford, dans lequel Marius cherchait parfois son inspiration. A droite : Sigle Berliet représentant la fameuse locomotive d'ALCO.

LA VILLA DE MARIUS BERLIET

Cette villa de 1911/1912 est un des rares exemplaires de "l'Art Nouveau" en Région Lyonnaise. La décoration est de Majorelle et Grüber. Elle fait l'objet d'une protection au titre des Monuments Historiques.

Cette Villa d'Esquirol présente en tous points une certaine similitude avec les traits de caractère de son illustre commanditaire. Peu d'originalité, mais cependant construite dans un style académique, elle est avant tout fonctionnelle et robuste. Réalisée par l'architecte lyonnais Paul Bruyas elle fut décorée par les célèbres Majorelle et Grüber. Seule pièce à avoir conservé son mobilier d'origine, lambris et meubles en noyer, le bureau de Marius Berliet. Cette demeure historique sert aujourd'hui de siège social à la Fondation. Y sont regroupés, bureaux, salles de travail, archives et documentation.

Ci-dessus : Construite en 1911/1912 par Paul Martin Victor Bruyas, un architecte lyonnais, cette villa fut sans doute l'un des seuls signes extérieurs de richesse de Marius Berliet avec son voilier de 6 m qu'il avait baptisé "Le Caprice" (!). En haut, à droite : la bibliothèque du bureau réalisée par Majorelle, et au-dessus de la porte d'entrée, un vitrail de Grüber.

L'une des cheminées réalisées par Majorelle dans la villa d'Esquirol. On notera sur les montants de la cheminée que le thème décoratif choisi est celui de la pomme de pin. Motif que reprend Grüber pour le décor des vitraux d'impostes et la grande verrière du plafond. (P 14). Trône également à côté de cette cheminée un moteur Berliet.

Villa Berliet. *Cheminée de la salle à manger en noyer, réhaussée de cabochons en pâte de verre sous forme de fleurs, réalisés par* Daum. *Une réalisation sobre et sans fioritures mais qui traverse les époques sans prendre une ride.*

Cheminée réalisée par Majorelle dans le bureau de Marius Berliet. La seule pièce qui ait conservé tout son mobilier d'origine. Lambris et meubles en noyer. Il est éclairé par des tulipes en pâte de verre de part et d'autre de la glace couronnant la cheminée.

Vingt-six pièces avec cheminées et boiseries d'origine, plus de mille mètres carrés, un parc et des arbres. Cette maison, cossue certes, mais sans fioritures, et faite une fois pour toutes, reflète à merveille l'éthique de Marius Berliet.

Décorée par Louis Majorelle et Jacques Grüber de l'Ecole de Nancy, la villa fait l'objet d'une protection au titre des Monuments Historiques dans le cadre de la loi de 1913. C'est à Lyon, l'un des rares témoins de l'Art Nouveau qui conserve intacte sa décoration initiale d'une parfaite unité et l'on peut apprécier l'ensemble voulu par Majorelle. "L'unité découle de la répétition du motif végétal et de la conception globale de l'espace structuré par formes et lignes. L'homogénéité du décor résulte de l'habitude qu'ont les Nancéiens de travailler ensemble". Roselyne Bouvier évoque ainsi dans un livre consacré à Majorelle, le travail réalisé par celui-ci dans cette villa, dont le hall, le bureau, les cheminées, les boiseries et les vitraux attendent aujourd'hui la notification qui les classera Monuments Historiques.

Surplombant la cheminée de la salle à manger, une pâte de verre représentant une charrette tractée par un cheval fut sans doute placée là pour rappeler cette période (1909) où pour la première fois un véhicule à moteur allait avec succès substituer, dans les gares et cantons, le transport mécanique aux attelages de chevaux.

Décorée par les Nancéiens Majorelle et Grüber, la villa d'Esquirol abrite aujourd'hui les archives de la Fondation de l'Automobile Marius Berliet.

Jacques Grüber et Majorelle furent sans doute parmi les plus illustres décorateurs et artistes de l'école de Nancy. Et il ne fait aucun doute que Marius Berliet ait fait le bon choix en confiant à ces deux personnages réputés, la décoration de sa villa qui devrait dans un avenir proche, être classée Monument Historique. Sur ces pages on peut noter à quel point Grüber maîtrisait son art. Né en 1870, Jacques Grüber fait des études à l'école municipale des Beaux-Arts, puis à Paris à partir de 1889 à l'Ecole des Arts Décoratifs, celle du bois et du cuir avant de se consacrer essentiellement au vitrail vers 1900.
En 1913; Marius Berliet emménage dans sa maison qui portera le nom de la rue où elle a été construite. "ESQUIROL". Une villa exclusivement réservée à la famille et à quelques rares amis dont Edouard Herriot, le maire de Lyon.

Page de gauche : L'escalier qui dessert les 26 pièces de la villa d'Esquirol. Décoré, pour les boiseries, par Majorelle, et par Jacques Grüber pour les vitraux. La grande verrière du plafond et les vitraux d'impostes reprennent le motif de la pomme de pin choisi par Majorelle comme thème décoratif.

Détails des vitraux réalisés par Jacques Grüber dans la villa d'Esquirol en 1911.

Grille d'écoulement d'eau dans le hall d'entrée.

Petit mécanisme à roues crantées en bronze réalisé au début du siècle et exposé sur une cheminée signée par Majorelle.

CAMIONS & OMNIBUS BERLIET - LYON
SIMPLICITE SOLIDITE ECONOMIE

CLASSÉ MONUMENT HISTORIQUE

Camion de légende par excellence le BERLIET Type M de 1910 est vraisemblablement ce que la Fondation compte de plus cher à son cœur. Par ailleurs, il corrobore à merveille sa vocation de "mémoire" de l'industrie du camion. Découvert dans la casse d'un garage Corse où il croupissait

LE BERLIET TYPE M DE 1910

depuis 20 ans, le "M" était sur le point de disparaître à jamais, rongé par la rouille, les flancs exposés aux intempéries et quasiment recouvert par la végétation, lorsqu'un œil avisé s'aperçut qu'il s'agissait là d'un camion Berliet 22 HP Type "M" de 1910. Celui-là même qui expédia le cheval aux écuries, marquant ainsi la mutation des transports hippomobiles aux transports automobiles. Voici donc ce qu'est le Type "M". Un véhicule révolutionnaire datant du début du siècle, une pièce fondamentale dans l'histoire du poids lourd en France, et l'un des joyaux de la Fondation de l'automobile Marius Berliet. Un véhicule classé Monument Historique en 1988.

Ci-dessus : Pignon et chaîne de transmission. Ci-dessous : Lanterne de position arrière. En bas : détail de la suspension. Ci-contre : publicité Berliet pour le lancement du Type M, 22 HP.

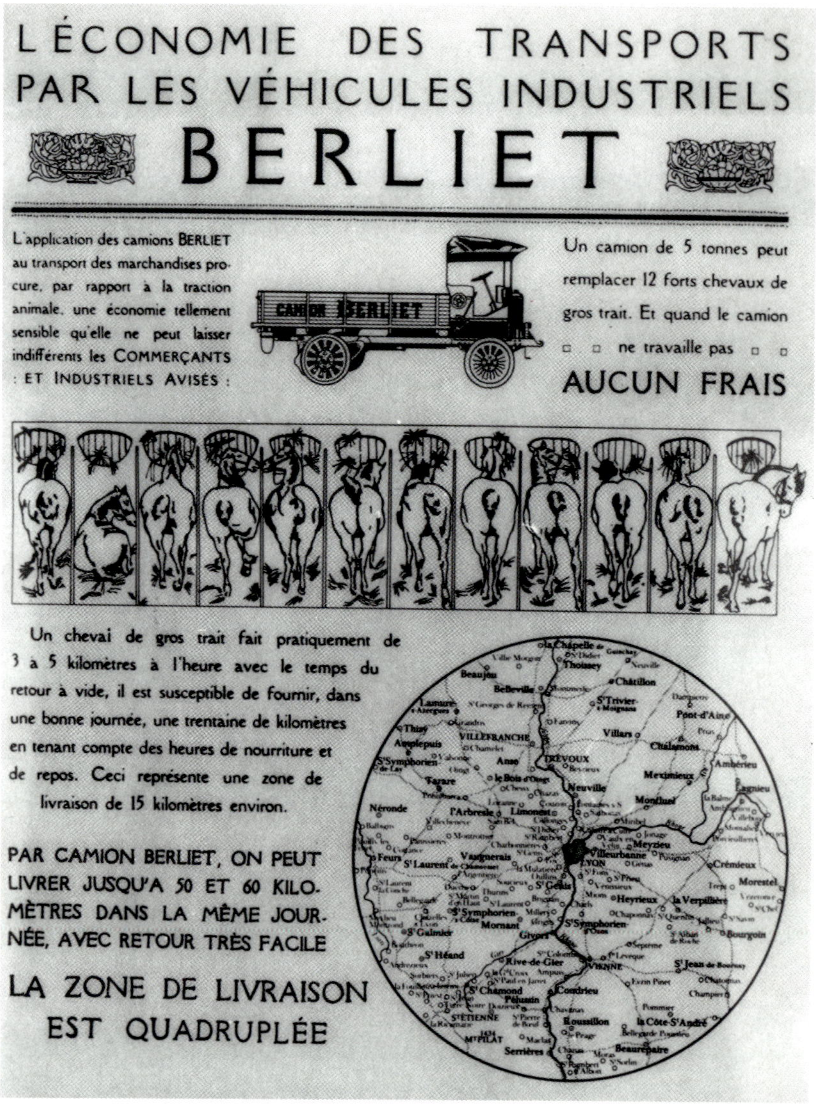

L'aventure de l'ancêtre du transport moderne débute en 1910 sous des trombes d'eau et durant une crue mémorable qui noie sous les eaux les usines automobiles installées à proximité de la Seine. Clin d'œil et pur hasard, cette même année l'essuie-glace fait son apparition. Mais également le groupe cylindre d'un seul bloc. Le camion Berliet 22 HP, Type M (sorti des usines en 1909) était un véhicule de 3 500 kg de charge utile. Il fut dès la première année primé et acheté par le Ministère de la guerre en raison de ses performances. Au plan technique il innovait. Equipé d'un moteur de forte cylindrée (4,5 l), d'un radiateur de grande surface à nid d'abeille qui lui garantissait un excellent refroidissement, d'un système astucieux de freinage agissant par double pédale sur la boîte de vitesses et l'essieu arrière, de roues à bandages caoutchouc, l'ensemble autorisait une vitesse de l'ordre de 25 km/h.

Berliet 22 HP, Type M de 1910. *Retrouvé dans une casse en Corse et restauré par les équipes de la Fondation Marius Berliet. Fiche technique : Moteur 4 cyclindres. Graissage automatique sous pression par pompe. Allumage par magnéto. Carburateur à dosage mécanique indéréglable. Refroidissement par thermo-siphon et radiateur. Embrayage à disques multiples. Boîte à 3 vitesses + marche arrière. Transmission par chaînes. Direction irréversible par secteur et vis sans fin.*

Berliet
TYPE M 1910
COLOMBOPHILE

A gauche : Type M utilisé par le minotier Michaux à Chaumont en Haute-Marne. (1912). Au centre : Berliet CAT (1912). Ci-dessus : Berliet "M" d'Augier Frères et Rabut, entrepreneurs de transport 119, rue Consolat à Marseille (1912).

Camions Berliet Type "M" utilisés pour le transport des pièces des Automobiles Berliet de Lyon en 1912. Derrière les 2 Type "M" un Berliet CAK de 1911. Notez la place des chauffeurs au-dessus du moteur, ce qui permettait un rayon de braquage très court pour manœuvrer plus facilement dans les dépôts aux portes étroites construits pour les voitures à cheval.

La diffusion du Berliet "M" fut non seulement régionale et nationale, mais également internationale. Des Type "M" ont été vendus dans des entreprises de transports au Brésil, au Portugal, en Inde et aussi au Gouvernement du Siam. Par ailleurs, le Ministère de la Guerre avait primé ce véhicule lors de son fameux Concours Militaire et en avait fait l'acquisition pour plusieurs de ses services. Des brasseurs de Metz et Montpellier, la Cie des Omnibus et Tramways de Lyon et même la Société anonyme des plaques et papiers d'Auguste Lumière et ses fils avaient acheté plusieurs de ces Type "M". La diversité des secteurs dans lesquels ce camion opérait prouve son efficacité et son succès à l'époque.

Ci-dessus : *Berliet Type M dans les rues de Lyon en* 1910.

LE MONTELLIER

Situé à environ 30 km au nord-est de Lyon, ce bâtiment de 3 600 m^2 abrite aujourd'hui quelque 270 camions, cars, bus et automobiles restaurés en grande partie et couvrant une époque allant de 1886 à 1984. Créée en 1982, la Fondation Berliet s'était fixée au départ deux objectifs : la sauvegarde et la valorisation de l'histoire du camion, car et bus français de toutes marques et la sauvegarde et la valorisation du passé automobile de la Région Rhône-Alpes. En moins de 10 années, la Fondation a rassemblé et restauré en bonne partie près de 260 véhicules de 27 marques françaises et obtenu comme on l'a lu précédemment, le classement du camion Type M de 1910 en qualité de Monument Historique représentant la première génération de camions. Tous ces véhicules provenant le plus souvent de dons, arrivent généralement en très mauvais état. La restauration de telles pièces nécessite des opérations complexes et coûteuses. Chaque véhicule est entièrement démonté et chacune des pièces cassées ou manquantes sont spécialement usinées, les éléments de carrosserie détruite formés au marteau et les parties bois refaites dans les essences d'origine par des ébénistes de talent. Ce souci de la perfection et le soin extrême apportés à la restauration des véhicules ont permis à la Fondation d'obtenir le Prix James Bradley. Une consécration internationale.

Véhicule d'incendie Laffly-France. Véhicules construits par les Ets Laffly à Asnières (Seine). De 1925 à 1953 ils portaient le nom de Laffly. Auparavant, de 1922 à 1924 celui de Laffly-Schneider. Ils étaient équipés de moteurs de 22,5 HP de marque Schneider.

LAFFLY

LUC COURT
1900-1950

Camionnette Luc Court Type MC 2 de 1929. D'une charge utile de 2 500 kg elle est équipée d'un moteur 4 cyl. de 86 × 130 mm et d'une boîte 4 vitesses. Diplômé de l'école centrale lyonnaise, le Lyonnais Luc Court construisit sa première voiture, une bicylindre boîte 5 vitesses dès 1899. Les véhicules Luc Court furent construits par la SA des Anc. Ets LUC COURT et Cie à Lyon. Les réalisations les plus significatives de ce constructeur furent sans doute son 4 cyl. au pétrole de 2,15 l et sa transmission fonctionnant dans un bain d'huile (1909). Luc Court se spécialisa dans les camionnettes à l'occasion de 14-18 et ne cessa d'en fabriquer qu'en 1950. En 1936, Luc Court abandonna la construction des automobiles pour se consacrer à la fabrication de petits camions et bus équipés de moteurs Diesel. Il faut savoir par ailleurs que dès la fin du XIXe siècle, il avait commencé par fabriquer des alternateurs entraînés par les machines à vapeur de l'époque, des ascenseurs, et après qu'il ait cessé d'être un constructeur automobile, il s'orienta vers la production de palans et d'engins de manutention. En bas à droite : le moteur 4 cyl. de 86 × 130 mm et la "planche de bord" du Luc Court Type MC 2. □□

VINS EN GROS & CHARBONS
M. GRIMONET
Tél. 2
Lépin - Le lac d'Aiguebelette
Savoie

Renault 15 CV
Type MY de 1924.
Restauré de fort belle manière par la Fondation, ce camion de 1 600 kg de charge utile est équipé d'un moteur Renault de 3,2 l et d'une boîte à 4 vitesses avec une transmission par pont. 1 500 heures d'atelier et la participation de 12 corps de métier auront été nécessaires à la remise en état de ce magnifique petit camion, qui dans les années 20, du fait de sa large diffusion (5 000 ex.) ou qui sait, grâce à son look séduisant, figurait sur de nombreuses cartes postales. Il faut dire que ce camion a de quoi combler les amoureux des belles carrosseries.

Construit de 1924 à 1929, le MY fut à l'époque l'un des véhicules le plus largement diffusé en France et plus particulièrement dans la région parisienne où il faisait véritablement partie du paysage urbain. Il fut produit à plus de 5 000 exemplaires. Renault de Billancourt, dès 1924 disposait d'une gamme complète couvrant pratiquement tous les besoins en matière de transport de marchandises (de 250 kg à 10 t) et de voyageurs notamment avec les bus Renault décapotables de 28 places réservés au service des courses et des excursions en Ile de France, et ses légendaires bus parisiens, les PN à roues à bandages et moteur 4 cyl.

Ci-dessus : Camion bâché Renault Type MY de 1924. Un petit air de ressemblance avec "Les Routiers du Désert" de la mission Gradis-Estienne. Des Renault 10 CV à 6 roues jumelées qui traversèrent le désert en 1924/1925. Ci-contre : un sigle qui fait rêver bien des collectionneurs.

RENA
SERVICE DE LA TELEGRAPHIE SANS FIL

RENAULT TYPE GZ
DE 1915

Ci-dessus : Démarrage du GZ devant le dépôt du Montellier. Un coup de manivelle expert et le 4 cylindres pétarade joyeusement. Le conduire nécessite par ailleurs une certaine expérience, mais laisse un souvenir impérissable.

Ce véhicule de 3 tonnes de charge utile est doté d'un moteur 4 cylindres 95 × 160, d'une boîte 4 vitesses, d'une transmission par cardans. Fabriqué dès 1915, ce modèle a été livré à l'armée à plus de 5 000 exemplaires. Sa robustesse en a fait un camion légendaire. L'exemplaire présenté ici, restauré par la Fondation Marius Berliet en 1986, est équipé d'une carrosserie antenne mobile TSF. (Service de la télégraphie sans fil).

Verdun

PEUGEOT TYPE 1525 DE 1917.
Moteur 4 cylindres 100 × 150. Transmission par pont à vis. Carrossé en plateau bâché. Ce type de camion a été fabriqué à Sochaux de 1917 à 1920 à près de 6000 exemplaires. Largement utilisé pendant la Première Guerre mondiale et notamment équipé de ce type de carrosserie destinée à recevoir les messagers du ciel, comme ce Peugeot affecté à la section colombophile. Le modèle présenté ici est en parfait état de marche. Il ne manque que les pigeons.

L'un des premiers cars Berliet en excursion dans la Grande Chartreuse vers 1909.

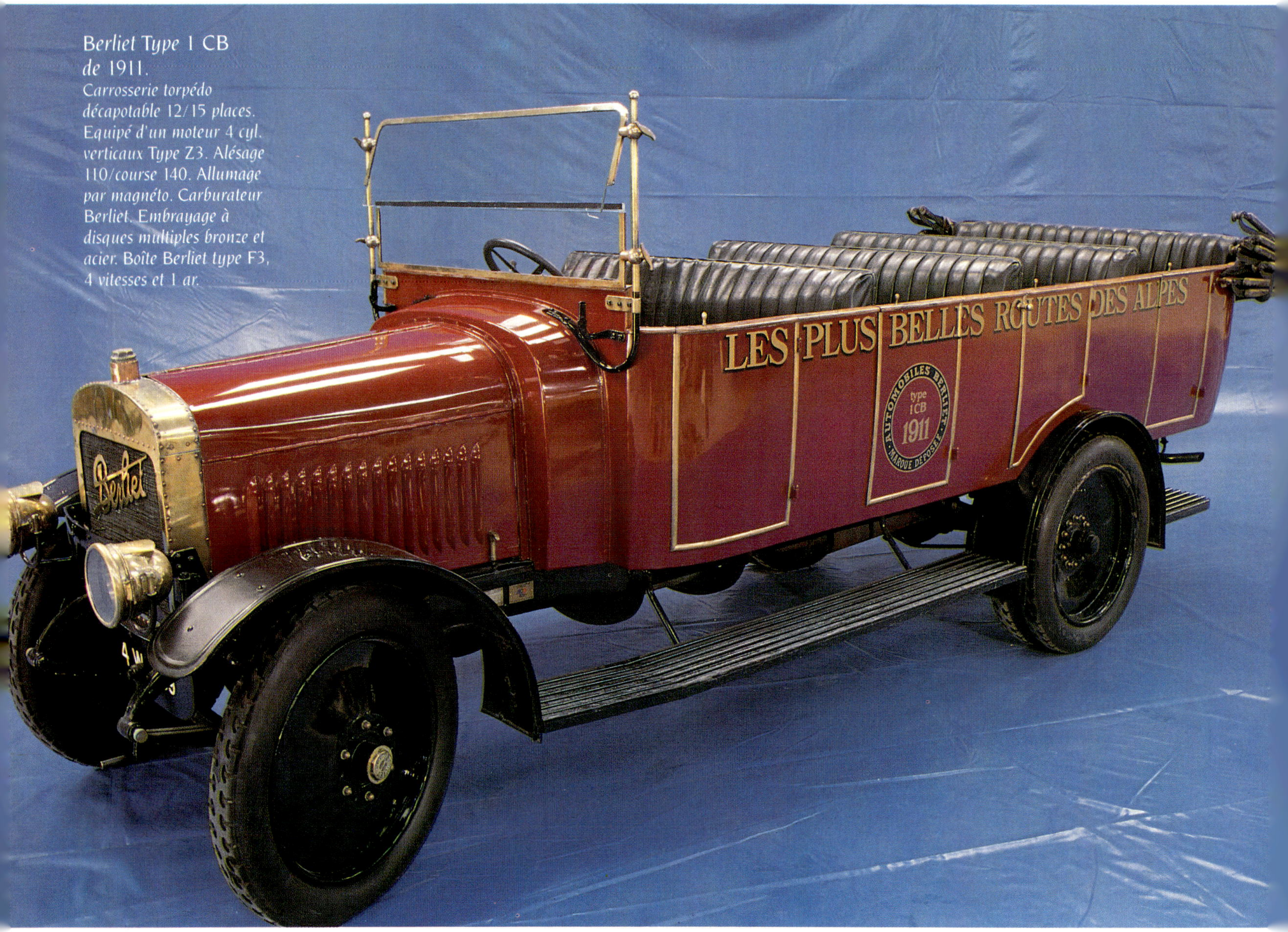

Berliet Type 1 CB de 1911.
Carrosserie torpédo décapotable 12/15 places. Equipé d'un moteur 4 cyl. verticaux Type Z3. Alésage 110/course 140. Allumage par magnéto. Carburateur Berliet. Embrayage à disques multiples bronze et acier. Boîte Berliet type F3, 4 vitesses et 1 ar.

Ci-dessus : Autobus Berliet à impériale CAD en service à Constantine en 1910. Ci-dessous : Berliet Type 1 CB autocar alpin torpédo de 1911. Cet autocar fut largement utilisé sur les routes de montagne du Dauphiné et des Alpes ainsi que dans de nombreux pays d'Europe, en particulier en Grande-Bretagne.

Ci-contre : *Le nez monstrueux d'un Latil. Véhicule d'incendie.*
Au centre : *Tracteur Latil de 1925.* En bas : *Une curiosité. L'avant-train Latil réalisé en 1898. Il s'agissait là d'un moteur de 644 cm³ fixé sur un avant-train prenant place devant une carriole habituellement tractée par un cheval. (Vitesse 30 km/h).*

LATIL TAR 4×4 DE 1915
L'un des engins les plus remarquables de la Première Guerre mondiale, toutes roues motrices et directrices. Il a été construit par la firme de Suresnes à environ 3 000 exemplaires. Sa restauration a demandé 3 200 h de travail à près de 20 corps de métier. La société Latil créée en 1898 par Georges Latil ingénieur Marseillais, est l'une des marques constitutives de RVI.

Conçu en 1913, à la veille de la Première Guerre mondiale, le CBA se présente de manière classique : cadre châssis en tôle emboutie, moteur disposé sur l'essieu avant, cabine arrière. 25 000 CBA on été livrés à l'armée pendant la guerre. Le modèle sera fabriqué par Berliet jusqu'en 1932. Au total, près de 40 000 exemplaires sont sortis des usines de Lyon. Autre camion de légende (en haut à droite) le Purrey à vapeur de Valentin Purrey, un grand spécialiste en la matière qui en 1886 construisit à 25 ans sa première automotrice sur rails mue par un moteur à vapeur. Et en bas à droite, la fameuse arroseuse-balayeuse Renault type IK de 1920. Renault fut parmi les premiers cons-

Berliet Type CBA 1913. Plateau bâché. Equipé d'un moteur 4 cyl. verticaux par blocs de deux, types Z. Alésage 110 mm/course 140 mm. Allumage par magnéto à haute tension. Régulateur indéréglable sur l'alimentation des gaz. Soupapes latérales. Graissage sous pression. Circulation d'eau par pompe. Régime lent. Embrayage à disques multiples dans le volant. Boîte 4 vitesses AV et 1 AR. Freins à pied agissant par mâchoires sur le différentiel. A main agissant sur les roues AR. Direction par boîtier à vis et écrou agissant sur un système de bielles. Roues à bandage.

tructeurs à produire des véhicules adaptés aux besoins des services municipaux. Ce camion de légende est équipé d'une "tonne" de 5 000 litres avec pompe centrifuge. Fort complexe dans sa réalisation, mais néanmoins robuste, cette arroseuse nécessitait de la part des chauffeurs une grande maîtrise pour manipuler les nombreux leviers.

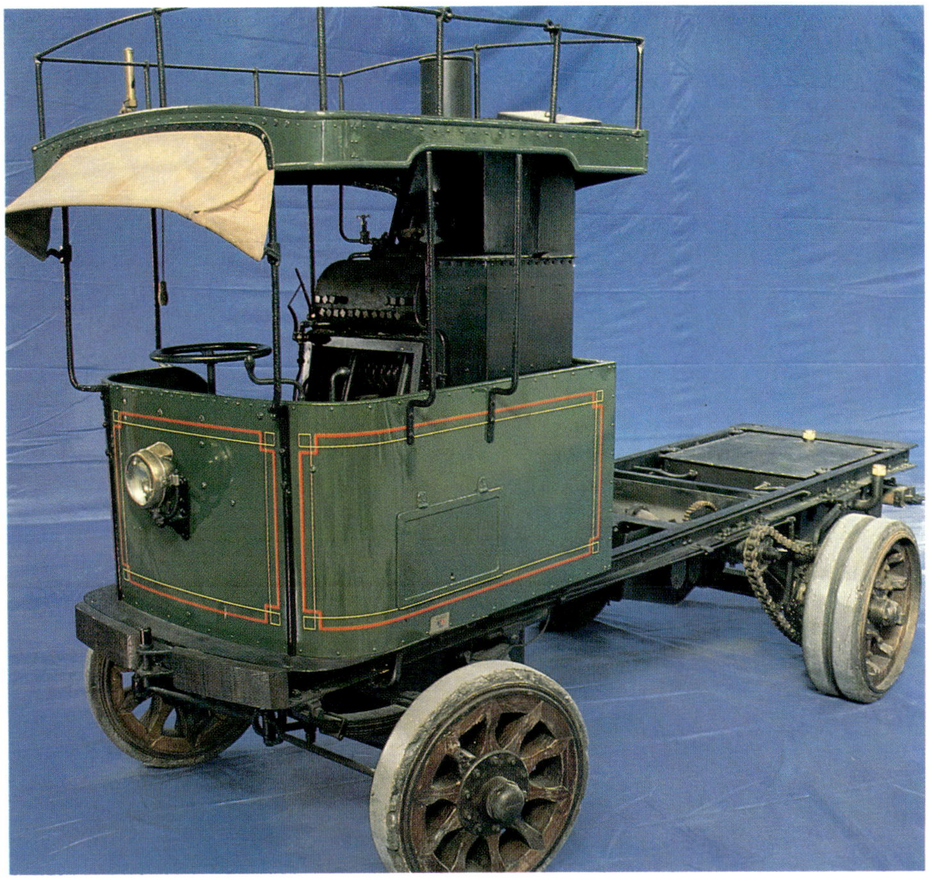

En haut : Le Purrey 1909 de Valentin Purrey. Un 18 CV du type B de 5 tonnes de charge utile. Moteur à chaudière verticale multitubulaire à vapeur surchauffée. 2 cylindres double effet, chauffage au coke. Cylindrée : 2,7 l. Réservoir d'eau 600 litres.
Ci-dessus : Arroseuse-balayeuse Renault type IK de 1920.

RENAULT TYPE MZ DE 1925.

Moteur 4 cyl. 85 × 140 soit 3,2 l de cyl. Boîte 4 vitesses + 1 AR. Système d'attelage automatique. Charge utile de l'ordre de 5 tonnes.

Dès 1925, Renault de Billancourt offre une gamme de véhicules couvrant pratiquement tous les besoins en matière de transport de marchandises ou de voyageurs. Cette gamme est complétée en 1925 par ce tracteur MZ qui est l'un des tout premiers tracteurs modernes de l'histoire du transport routier. Celui-ci parfaitement restauré par la Fondation est en état de marche et fonctionne avec son moteur d'origine.

Au second plan : Corbillard Berliet de 1924 et Camionnette Berliet également de 1924.

RENAULT
RENAULT
Please do not touch
FONDATION M.BERLIET
LYON-FRANCE
1925

Document rarissime. Un Berliet CBAG *gazogène* de 1924. *Véhicule militaire destiné au transport de canons. Les premiers Berliet "gazo-bois" datent de 1923.*

BERLIET A GAZOGENE TYPE VDANG 1938.
Sorti en 1937 par le constructeur lyonnais qui avait acquis une grande expérience dans la fabrication de ce type de matériel, le VDANG fut un camion remarquable à tout égard : fiable, d'une mise en route et d'un entretien relativement faciles, il utilisait comme source d'énergie le bois et les déchets de bois. Sa charge utile est de 2,5 t. 3 000 de ces camions sortirent des usines de Vénissieux entre 1937 et 1947. Sa consommation est de 50 kg de bois sec aux 100 km.

BERLIET GAZO-BOIS

HOTCHKISS PL 25 DE 1955.

Constructeur de magnifiques automobiles qui connurent leur heure de gloire notamment dans des Rallyes comme celui de Monte-Carlo, d'armes automatiques révolutionnaires à leur époque, Benjamin Berkeley Hotchkiss a également construit de splendides petits camions. A l'image de ce PL 25 de 1955, qui provient d'une lignée de PL dont l'origine remonte à 1936 lors de la sortie des premiers utilitaires conçus par Hotchkiss, les types 486 PL et 486 PLL équipés de moteurs Hotchkiss de 20 ch-4 cylindres de 2 300 cm³, puis du PL20 de 1940. Sortirent également les P1 50 N à essence et les DH 50 N. Le premier est équipé de moteurs 4 cylindres Hotchkiss et le second de Perkins Diesel. Le PL 25 verra le jour au début des années 50. Une autre version verra le jour dans les années 60. Les dernières séries de camions à capot se distinguaient par des phares intégrés dans les ailes.

Maurice Meirotti
FRUITS ET PRIMEURS
Forain
marchés de Paris
banlieue

Au premier plan : Berliet Type GLC 8 4×4 de 1958. Au second plan : un Saviem de 1958.

Saviem SM 240 de 1967 affecté au transport de carburant pour la société ELF.

Au premier plan, un autocar Berliet de 1958 type PLR 10 et au second plan un autocar ISOBLOC de 1954. Deux pièces magnifiques restaurées par la Fondation Marius Berliet et exposées dans les locaux du Montellier.

Image symbolique s'il en est. Le Berliet GLM au premier plan et le Renault TLM 280 turbo. Malgré un sigle et un nom différent, ces deux véhicules ne peuvent renier leur appartenance à une seule et même industrie. Notez toutefois que le Berliet GLM est de 1963 et que le Renault TLM 280 lui date de 1976.

Ci-dessus : Un Berliet GDM exposé parmi quelques autres merveilles dans les locaux du Montellier. Comme on peut le constater sur cette image et au second plan, certains de ces véhicules, même dans leur livrée d'origine ou en cours de restauration restent de magnifiques pièces de collection et honorent parfaitement la mémoire de leurs concepteurs. Ci-contre : Un Saviem de 1958.

En haut : Berliet Type GLA 5 de 1954. Ci-contre : Véhicule de la communauté urbaine de Lyon. Il s'agit là d'un SOVEL de 1951 affecté au service assainissement.

Le Berliet Type "M" de 1910 et la "Gazelle" 6×6 Berliet. Deux camions de légende. Le premier symbolise le passage de l'ère animal à l'ére mécanique. Primé et acheté par le Ministère de la guerre en 1909 dés sa sortie des usines lyonnaises, il fut le 2 novembre 1988 classé Monument Historique en qualité de "représentant de la première génération de camion". Le second ce fameux 6×6 légendaire, surnommé "Gazelle" en raison de son extrême efficacité dans le désert, est l'un des camions qui aura sans doute marqué le plus la présence de Berliet dans les pays africains, avec évidemment le Berliet T 100 6×6. La "Gazelle", 3 essieux de charge unitaire égale, pneus simples, charge utile 6 tonnes, redoutable dans le sable et dans les dunes fut fabriquée à 32 000 exemplaires. Elle équipa les sociétés de recherches sismique, de ravitaillement et de forage ainsi que les missions Ténéré et Tchad. Un camion fantastique, qui laissera un souvenir impérissable à ceux qui ont eu la chance de le piloter au sahara.

Berliet Type "M" de 1910. Seul modèle rescapé il fut en 1988 classé Monument Historique. Berliet GBC 6×6 "Gazelle". Un authentique camion de légende.

Sigles Berliet campés sur le nez de trois fabuleux camions. En haut sur le capot d'un GLM. Au centre sur celui du fabuleux GBO 15 6×4 type armée, commandé à 500 exemplaires par l'armée française, en plateaux et surtout en citernes de 20 000 litres. Et enfin en bas sur le magnifique capot du Berliet GBC 6×6.

BERLIET

Paul Berliet pose devant le premier Diesel de la marque. Un DMB. Un moteur historique.

LE CONSERVATOIRE DES MOTEURS

Conserver des moteurs, les restaurer, les exposer pour raconter et retracer leur histoire est une démarche qui s'imposait dans l'esprit des responsables de la Fondation Marius Berliet. Le Conservatoire des moteurs regroupe donc aujourd'hui plus de 40 moteurs diesel, couvrant une époque allant de 1928 à nos jours, qui représentent tous, à titre divers, une étape importante de l'évolution du moteur à combustion interne, clef de voûte du transport routier. L'intérêt de ce conservatoire est qu'il ne se limite pas essentiellement aux créations Berliet. Les moteurs diesel Bernard ou encore Hispano-Suiza ont droit de cité dans l'antre de ces magnifiques bêtes. Restaurés à merveille, exposés dans un local situé tout à côté de celui des véhicules, les moteurs du Conservatoire complètent la visite sur les lieux et par ailleurs confortent l'esprit de la Fondation dont le but est de préserver le patrimoine technique et d'en constituer la mémoire à des fins éducatives. La Fondation Marius Berliet est devenue au fil des ans, une composante majeure de notre Culture Industrielle. Avec 270 véhicules restaurés, de 27 marques différentes, couvrant une époque allant de 1886 à 1984, un centre d'archives et de documentation informatisé et riche à ce jour de quelque 150 000 références, et ses 40 moteurs, la Fondation mérite amplement son titre de mémoire industrielle dans le domaine du transport.

En haut : 8 cylindres Willème 518 T8H de 1957 (18 l, *alésage* 130 mm, *course* 170 mm) *utilisait une distribution située côté volant*. *Au centre* : Moteur Berliet MDC de 1936 *avec lequel on entre dans l'ère* Ricardo. *Il s'agit d'un* 8,5 l (*alésage* 110 mm, *course* 150 mm). *En bas* : *Un gros* 6 *cylindres* Berliet *de* 14,86 l (*alésage* 145 mm, *course* 150 mm). *C'est sur ce moteur, le* MI 645-50 *de* 1965 *qu'a été inaugurée l'injection* Berliet.

En haut : MLB-1926. Avant de devenir le spécialiste français du moteur diesel, Berliet avait assis sa réputation en poids lourds grâce à ce robuste 4 cylindres de la série Z, le MLB de 5,3 l (alésage 110 mm, course 140 mm) qui animait les célèbres CBA. Au centre : Premier moteur diesel Berliet, le MDB de 1933. Il a son architecture inspirée des précédents moteurs à essence comme en témoigne son carter principal en alliage léger. Ce 4 cylindres de 7,2 l (alésage 120 mm, course 160 mm) utilisait un système de combustion sous licence Acro. En bas : MDU-1961. Un 5 cylindres MDU 34 qui utilisait l'injection M et faisait donc partie de la série Magic.

Photo du haut : 1967 était l'année du moteur en V chez Berliet. Le 825, après avoir été alésé pour devenir le MIV 08.35.30. Au centre : MDER-1947. Il utilise toujours le système Ricardo, mais sur ce modèle les chambres de combustion sont rapportées. En bas : Berliet V 850 présenté en 1967. Un V8 d'une architecture très différente de celle du V 825, le V 850 dû à Yves Bonnetain, supercarré et très compact avec une culasse par rangée. Ce moteur de 6,9 l fournissait 170 ch au régime de 3 000 tr/mn.

Photo du haut : Un moteur "historique" de Berliet, le MDZ 23 S de 1956 qui fut le premier à recevoir la suralimentation par turbocompresseur. Il s'agit d'un Eberspäsher. La plupart de ses ennuis allaient venir de problèmes de lubrification mal acceptée par les roulements. Au centre : Moteur Berliet V 600 de 1967. Il fut présenté pour équiper le Stadair en raison de sa compacité, mais il n'entra jamais réellement en production. En bas : Pour le Stadair on avait choisi un moteur classique, ce 4 cyl. 420-30 de 5,88 l qui utilisait l'injection "M".

"El Bahar". La mer de sable. Le Sahara. Un océan qui a englouti quelques navigateurs au long cours, a fait rêver et frémir plusieurs générations d'intrépides globe-trotters. Son pouvoir de séduction, son éternel magnétisme et sa magie ont toujours attiré les aventuriers. Alexandre Le Grand, René Caillé, Pierre Benoît, Bollée, De Grawhez, Pein, Lafargue, Laperrine et Sixte de Bourbon-Parme pour ne nommer qu'eux, se sont frotté à

LES RAIDS SAHARIENS

Ces immensités avec des moyens de transport qui étaient loin d'avoir les mêmes performances et la même fiabilité que ceux utilisés actuellement par les "nouveaux aventuriers". Dès 1910, et avec le Type "M", Berliet se lance dans l'aventure saharienne. Laghouat est alors le grand centre administratif et militaire du Sud Algérien et dispose d'une importante garnison approvisionnée par des trains et des charrettes traînées par des mules. Le Type M à cabine avancée y apporta 3,5 t de farine en cinq fois moins de temps et entrait comme un "héros" dans la légende. La Fondation a retracé l'histoire de la pénétration automobile au Sahara de fort belle manière en restaurant quelques dignes représentants de cette fantastique épopée.

1932 : Raid Alger-Gao-Alger. A bord de ce Berliet GDHL, Charles Pelissier (à droite sur la photo en compagnie de P. Berliet) remporte ce raid. Le GDHL est l'un des véhicules restaurés par la Fondation. Cette photo a été réalisée en 1990. "Charlot" avait 89 ans.

Berliet GDHL de 1932. Seuls les Berliet ont parcouru la distance en emportant 3,5 t de câbles électriques à Gao. Charles Pelissier avait alors 31 ans.

BERLIET DIESEL
1932
Berliet
ALGER-GAO-ALGER

Faut-il souligner que le "véhicule" de prédilection des premiers raids était équipé de 4 pattes dont deux motrices (à l'avant), et qu'il était connu sous le nom de chameau. Un animal aux ressources fantastiques qui a durant de longues années été le seul moyen de transport fiable et le plus compétitif pour les longues distances. Tout au moins durant toute la période où les constructeurs n'ont pas été capables de fabriquer des ponts avant assez robustes pour gravir les dunes et de mettre au point un pneumatique ballon dont la pression au sol au cm^2 fut identique à celle du pied d'un chameau. Tout autant que l'aventure au sens noble du terme, les investigations poussées dans la recherche de techniques propres à amadouer le désert furent passionnantes et parfois drôles comme le démontre l'image ci-dessous.

Après avoir récupéré quelques pneumatiques, cet aventurier des sables n'a d'autre solution pour rejoindre son véhicule abandonné quelque part dans le désert, que celle d'avoir recours au transporteur local.

Camion Bollée à vapeur durant une expédition en 1900.

L'automobile avec laquelle le baron de Crawhez se propose de traverser le Sahara en 1909.

1908. Peugeot 28 ch équipée de bandes de toiles pour rouler sur le sable.

Berliet VPD de la mission "Sahara-Niger" en 1916. Ce véhicule est équipé d'un moteur 16 ch essence à 6 cyl. verticaux, d'un embrayage à disques multiples et d'une boîte à 4 vitesses plus un démultiplicateur. 3 de ces véhicules ont été construits en 6 mois pour cette mission.

Camion Berliet Type "M" de 1910. Identique à celui qui apporta d'Alger à Laghouat les 3,5 t de farine. Son moteur à régime lent de 4,5 l de cyl. développait 20 ch et remplaçait le même nombre de mules.

La conquête du désert ressemble parfois à celle des airs. Et des incidents aériens ont obligé de malheureux pilotes à innover dans le domaine du franchissement des dunes. Tout comme Cros de Lafargue qui en 1912 après que son avion ait été détruit à Biskra, fut amené à construire une voiture à hélice aérienne avec les débris. Il réalisa ainsi le premier "aérosable". Le N° 2 fut réalisé en 1913 par le capitaine Lafargue. Mais le faible emport des appareils, leur fragilité en vol comme au sol, ne permirent pas l'usage intensif qu'ils devaient démontrer trente ans plus tard. Ils apportèrent cependant un élément essentiel dans la reconnaissance des reliefs.

Ci-contre : Aérosable N° 2 du capitaine Lafargue construit en 1913.

1914-1918. *Camionnette Rochet-Schneider. Ce véhicule léger de 1,5 t de charge utile, fut l'élément essentiel avec les camionnettes Fiat similaires, de la réalisation de liaisons routières au départ de Touggourt vers El Oued et Ouargla. Puis de plus en plus au Sud vers El Golea, in Salah et Tamanrasset.*

1933 - Mission Wauthier - Exploration du Ténéré. Effectuée avec ce Latil SPB2 équipé d'un moteur à 4 cylindres monobloc tournant à allure lente et imposé pour une puissance de 21 ch. Afin de respecter l'esprit absolu de raid, et par conséquent l'obligation d'autonomie, les camions emportèrent avec eux 4 000 litres d'essence. Ce véhicule a été restauré par la Fondation de l'Automobile Marius Berliet.

ATIL
LATIL
mission Wauthier
LATIL
RECONNAISSANCE
SAHARIENNE

C'est au cours de l'été 32, après un voyage de tourisme au Sahara, que le capitaine Wauthier et le Directeur de la Compagnie Générale Transsaharienne, Monsieur G. Estienne, parlant de la pénétration saharienne en auto et par avion et examinant les différents tracés, tombèrent d'accord pour penser, qu'une reconnaissance au Ténéré était susceptible de donner des lumières nouvelles et d'inspirer d'autres tracés de franchissement. Pour ce faire, en plus d'un avion de la Société Provençale de Constructions Aéronautiques ils décidèrent de faire l'acquisition de 2 camions Latil SPB susceptibles de recevoir 4 tonnes chacun du même type que celui qui figure sur ces deux pages.

Détail de la magnifique carrosserie réalisée sur ce Latil SPB. En bas : le moteur à 4 cylindres monobloc de 105 mm d'alésage et 160 mm de course, tournant à allure lente et imposé pour une puissance de 21 CV. Il est muni d'un régulateur de vitesse inviolable à force centrifuge. Magnéto haute tension. Carburateur automatique.

A gauche : Poste de pilotage du Latil SPB avec conduite à droite. Ci-dessous : Autre détail sur le poste de conduite avec ce magnifique volant en bois, les pédales en bronze et le changement de vitesses à doubles baladeurs donnant 4 vitesses avant dont la plus grande en prise directe et une marche arrière. Les baladeurs sont commandés par un levier à rotule passant dans une grille à l'intérieur de la boîte et attaquant directement les fourchettes.

Ci-contre : Le Latil SPB de la mission Wauthier équipé d'un système de freinage au pied agissant sur les quatre roues par l'intermédiaire d'un servofrein à dépression qui augmente la puissance de freinage.

LATIL
FONDATION M.BERLIET
LYON-FRANCE
PB2-1932

Laffly type W 15 T de 1940. Equipé d'un moteur Hotchkiss de 2,3 l et développant 55 ch à 3 200 tr/mn. Ce type de matériel, construit dès 1934 et prévu en de nombreuses versions 4×4, 6×4 et 6×6, avec des équipements variés allant du transport de personnel au "chasseur de chars", constituait l'essentiel de l'équipement de l'armée française de 1940 en véhicules à adhérence totale.

Matford V8 de 1940. France 1935-1946. La SA Matford fut fondée à Poissy en Seine-et-Oise, faisant suite à Ford Motor Co et SA Mathis. Ce camion fut assemblé à l'époque avec une grande quantité de pièces provenant de Ford.

Plusieurs de ces véhicules, notamment des Laffly, participèrent en 1941 au raid du général Leclerc à Koufra. La majorité de ces véhicules devaient rendre l'âme après avoir traversé le terrible désert du Djourab au Sud de Largeau. La plupart d'entre eux devaient servir de magasins de pièces de rechange. Les rescapés portant un canon de 75 de montagne allaient, en tirant sur le fort de Koufra, tout en se déplaçant de façon incessante dans les dunes, laisser croire à une force d'encerclement considérable, ce qui conduisit la garnison italienne à se rendre.

Laffly type S 20 de 1940. Ce véhicule 6 roues à adhérence totale, à moteur 6 cylindres de 3 l de cylindrée, fait partie de la gamme de véhicules tout terrain du programme militaire français 1934-1940. Cette gamme comprenait près de 20 versions en 4×4, 6×4 et 6×6. Ces véhicules tout à fait remarquables au plan des performances, furent construits à 20 000 exemplaires.

BERLIET GDM
10 W - 1941.
Berliet GDM de la mission transsaharienne Mory de 1941. Cette mission organisée et conduite par Gérard Prohom, directeur de la société Mory pour l'Afrique du Nord et l'A.O.F. et à laquelle participait l'écrivain Frison-Roche, était en effet équipée de trois camions de ce type qui, de mars à mai 1941, allaient effectuer une traversée épique d'Alger à Cotonou par le Sahara, à l'aller comme au retour. Au total, plus de 9 000 km en majeure partie sur des pistes où aucun camion n'avait jamais roulé, les moteurs tournant le plus souvent à l'huile d'arachide ou à l'huile de palme. Et si le fonctionnement des 6 cylindres diesel licence Ricardo fut sans problème tant que la mission évoluait dans la zone tropicale, le froid des nuits du Sahara, qui figeait l'huile au-dessous de 23°C, obligea à faire passer le tuyau d'échappement dans le réservoir de carburant pour maintenir celui-ci à un niveau de température compatible avec ce combustible imprévu. Seul le démarrage du matin se faisait au gas-oil.

TRANSPORTS
MORY
TD

LES CHASSE-NEIGE

A l'occasion des Jeux Olympiques d'Albertville en février 92, la Fondation de l'Automobile Berliet a restauré deux magnifiques chasse-neige de marque Latil. L'un des années 20. L'autre des années 40. Faut-il rappeler que déjà en 1926 et dans le Jura, une région où le problème du déneigement était capital, on vit apparaître ces drôles d'engins. Grâce à eux celui-ci fut en partie résolu et le ravitaillement des villageois n'en fut que plus aisé. La toute première firme française à s'intéresser véritablement à la fabrication du chasse-neige fut Latil. Un nom bien connu au début de ce siècle, alors que les moyens de transports industriels n'en étaient qu'à leurs balbutiements. Né en 1878, Georges Latil s'intéressa dès son plus jeune âge à la mécanique en compagnie de son frère Lazare. Pour la petite histoire notez qu'entre autre chose, Georges Latil fut le premier à mettre au point ce fameux avant-train adaptable sur toutes les carrioles habituellement tractées par des chevaux. Une invention géniale qui a bien failli rester au fond des cartons sans l'intervention financière du polytechnicien Charles Blum. Rappelons que cet avant-train révolutionna le transport et que très rapidement, l'avant-train Latil donna naissance aux premiers véhicules industriels à quatre roues motrices. Enfin, en 1926 Georges Latil s'intéressa aux chasse-neige, et le premier Type TL à quatre roues motrices et directrices équipé d'une étrave entra en service dans le Jura et dans les Alpes.

1924. LATIL *Type* TL.
Moteur : 4 cylindres
85 × 130. *Cylindrée : 2,95 l.*
Boîte : 6 vitesses. Etrave :
Ets Degiorgi.

Ce Latil Type TL de 1924 est certainement l'une des plus belles restaurations de la Fondation Marius Berliet. L'étrave de ce chasse-neige a été rénovée par les Ets Degiorgi de Saint-Claude dans le Jura. L'entreprise qui en 1924 avait réalisé la plupart des étraves des chasse-neige Latil TL. Ce véhicule exceptionnel pour l'époque, était équipé de 4 roues motrices et directrices. Une innovation technique qui confirme bien la thèse selon laquelle ces camions de légende sont les bases fondamentales des technicités mises en fonction sur les véhicules modernes. Et que la plupart des récentes innovations ne sont en fait que des extrapolations d'inventions qui datent du début du siècle. Et l'on peut dire que Georges Latil a ouvert la voie aux fameux Perlini. En haut : Le 4 cyl. Latil, 85 × 130 de 2,95 l de cylindrée.

H2 FTR 1949

1949. LATIL *Type* H2 FTR. *Equipé d'un moteur Diesel 6 cylindres* 108 × 152 *d'une cylindrée de* 8,35 *l. Toutes les roues sont motrices et directrices. L'étrave de ce véhicule a été construite par les Ets Durand de Seyssinet dans l'Isère. Ce véhicule d'une efficacité rare grâce au principe de "l'adhérence totale" (poids élevé du véhicule sur 4 roues motrices) est une arme redoutable sur routes enneigées. Utilisé à plusieurs "sauces" le* TR *a fait le bonheur des montagnards. Que ce soit en version "navette" et équipé d'un chasse-neige rotatif pour chasser la neige hors de la route ou équipé encore d'un puissant moteur auxiliaire, (une pelleteuse* De Brun *ou une fraiseuse* Peter*) conçue pour attaquer la neige glacée, ou encore équipé de "turbines frontales" baptisées couramment "les piocheurs". Le* TR *quoi qu'il en soit constituait un porte-outil pour tous chasse-neige rotatifs.*

La matière a repris sont état brut. En attendant de recevoir la couleur qui le replacera dans son époque, ce véhicule sommeille tranquillement sous les rayons du soleil qui filtrent à travers les verrières du Montellier. Désormais le temps n'a plus d'emprise sur lui. Son nom est inscrit dans "l'histoire". Il est éternel.

Faire renaître de leurs cendres ces véhicules chargés d'histoire est l'un des arts majeurs de la Fondation Marius Berliet. La plupart de ces incroyables camions, souvent découverts au moment où ils allaient redevenir poussière, ont été sauvée in extremis du néant grâce aux divers talents d'artistes et à la volonté d'hommes décidés à tenir le cap sur des objectifs qui consistent à sauvegarder et valoriser l'histoire du camion et de l'automobile de la grande région lyonnaise et celle de l'ensemble des marques françaises. Depuis 1982, année de la création de la Fondation, 10 années se sont écoulées. Durant lesquelles près de 270 véhicules de 27 marques couvrant une époque allant de 1886 à 1984 ont été

LA RESTAURATION DES VEHICULES

restaurés. Pour ce faire des artistes de tous horizons professionnels ont fait montre de leur talent afin de redonner la vie à ces dinausores et permettre ainsi à des générations futures de juger sur pièces du degré d'ingéniosité, d'imagination et parfois même de folie, dont ont été nantis ces pionniers de l'histoire du transport industriel. La qualité du travail et le soin apporté à la restauration de ces véhicules honorent les artisans qui ont rendu leur dignité à ces témoins d'un autre âge.

Réalisation de toute pièce de la carrosserie du Citroën Type 45 qui participera au fameux raid sur Koufra en 1941. François Chapelle est ici le maître d'œuvre. Dans sa famille on taille le bois depuis 1852. Cette carrosserie faite en sipo aura nécessité 350 heures d'ajustage, de séances sous la dégauchisseuse, la mortaiseuse et des dizaines d'heures de finition sous la gouje, le rabot et la plane.

Pour redonner vie à ces carrosseries d'antan il faut parfois faire resouffler la forge et façonner la pièce manquante sur l'enclume.

François Chapelle présente ici un volant de camion en cours de finition. 35 heures de travail sont nécessaires pour l'extraire de quelques pièces d'ormeau. En d'autres époques un volant en bois était considéré comme la broche accrochée au corsage des belles dames.

Moment d'une intense émotion. Celui où la carrosserie terminée, doit s'ajuster parfaitement sur le châssis du Citroën 45. Pas moins de 350 heures d'un travail rigoureux auront été indispensables à cette création de toutes pièces signée Paul et François Chapelle et réalisée grâce à des documents photographiques d'époque. Pour les besoins de la Fondation, ces artistes deviennent tour à tour menuisier, ébéniste, tôlier, ajusteur, reprenant parfois même du service comme charron ou encore comme peintre. Rien à vrai dire ne rebute ces hommes aux talents multiples, si ce n'est de mal faire. Chez les Chapelle et dans l'atelier du Machard, ces hommes aux doigts de fée œuvrent depuis 1852 afin que la notion de perfection conserve une vraie valeur. Nul autre qu'eux ne pouvait rendre leur âme à ces camions d'antan.

Un siècle et demi d'ébénisterie et quatre générations de Chapelle donnent à ces lieux une âme que seuls ces ateliers d'antan possèdent. François Chapelle présente ici l'un des fondateurs de l'atelier du lieu-dit le Machard. Jean Chapelle, son grand-père, qui en 1880 avait lui-même prit la suite de cet atelier créé par son propre père en 1852.

L'établi ou l'autel. Lieu magique où le frêne et l'ormeau s'anoblissent sous les coups de planes et de goujes dispensés par des mains expertes. Chaque outil, chaque objet ici a son histoire et la patine de leur manche peut raconter ses mille travaux. Comme cette radio, ou encore ces cadres où les regards des aïeuls vous attirent, ce volant qui prend forme dans l'ormeau, ou encore ces rabots et ces copeaux.

Ci-dessous : Dernier essai avant la pose définitive sur le châssis du Citroën Type 45. Une page de l'histoire sera tournée. En effet ces images seront les dernières réalisées dans cet atelier du Machard qui ont vu et fait renaître bien des carrosseries de leurs cendres.

LA SUPÉRIORITÉ INC
du DIESEL-BE
BERLIET
DIESEL
SIX
BERLIET
DIESEL

Publicité réalisée pour le lancement du Berliet Diesel six GDM en 1934.

LA PUBLICITE

Au début de ce siècle, imaginer, concevoir et vendre des véhicules industriels n'était pas une mince affaire. Surtout si l'on garde en mémoire qu'en ces temps mémorables, le cheval régnait encore en maître incontesté, dès lors qu'il s'agissait de tracter une lourde charge. Le scepticisme avec lequel les transporteurs de l'époque, les rouliers comme on les appelait, regardaient ces drôles de machines poindre leur capot sur ce marché quasiment vierge avait de quoi inciter les constructeurs à promouvoir finement leur produit et à en démontrer l'efficacité, la rentabilité, le confort et la facilité avec laquelle ces engins pouvaient être manœuvrés. Visionnaire hors pair, Marius Berliet comprit immédiatement que la publicité pouvait jouer un grand rôle pour la promotion et les ventes de ses camions. Cette nouvelle mode donnera le jour à d'authentiques chefs-d'œuvre, créés par des dessinateurs de génie. Des pièces qui aujourd'hui, qu'elles soient signées René Vincent, Cappiello, Alexis Kow, Eric de Coulon, Jean Routier, Pierre Louys, Slough ou encore Chaland se monnaye contre des petites fortunes. En 1907, la publicité faisait dans la dentelle et les signatures de ces œuvres d'art étaient celles d'authentiques artistes.

L'AVENUE DES CHAMPS-ÉLYSÉES S'ÉCLAIRE ET S'ANIME ;
PARIS SE MET EN TOILETTE DE SOIRÉE. C'EST L'HEURE ÉLÉGANTE OU L'ON VA ADMIRER CHEZ BERLIET
LES DERNIERS MODÈLES QU'IL VIENT DE CRÉER

EXEMPLES DE DISPOSITIFS DE PANNEAUX AVANT POUR TORPEDO, COMPORTANT LE COMPTEUR, LA MONTRE, L'INDICATEUR DE VITESSE, LE TABLEAU DE DISTRIBUTION ÉLECTRIQUE ET LES DIFFÉRENTS APPAREILS DE CONTROLE

MODÈLES DE DÉCORATION INTÉRIEURE ET DISPOSITIFS POUR LIMOUSINE

A gauche, ci-contre et à droite : dessins réalisés pour la présentation de divers intérieurs des automobiles Berliet construites en 1914.

Toutes les dépenses de publicité de Marius Berliet sont parachevées avec l'achat d'un magasin d'exposition à Paris, avenue des Champs-Elysées. Cette magnifique publicité en fait état dans un des catalogues imprimés par le plus talentueux des imprimeurs parisiens, Draeger. (1914).

Ci-contre, à droite : Trois publicités d'automobiles Berliet. Landaulet, limousine et autres magnifiques modèles construits en 1913 avaient les honneurs de la pub. Peu de gens savent qu'en réalité Berliet a réalisé des voitures, avant les camions, dont la réputation ne s'arrêtait pas aux frontières françaises. L'Amérique connaissait en 1913 les fabuleuses automobiles sorties de l'usine lyonnaise. Le fameux PDG de l'American Locomotive Corporation, Mr. Pitkins n'avait-il pas traversé l'Atlantique à bord de son yacht personnel pour en racheter la licence. Il est vrai également que de célèbres écrivains, tels Tristan Bernard ou J.H. Rosny, ou encore de fameux journalistes, Franz Reichel et Baudry de Saunier en vantaient les mérites et les qualités dans les textes qu'ils rédigeaient pour les catalogues publicitaires Berliet (1913).

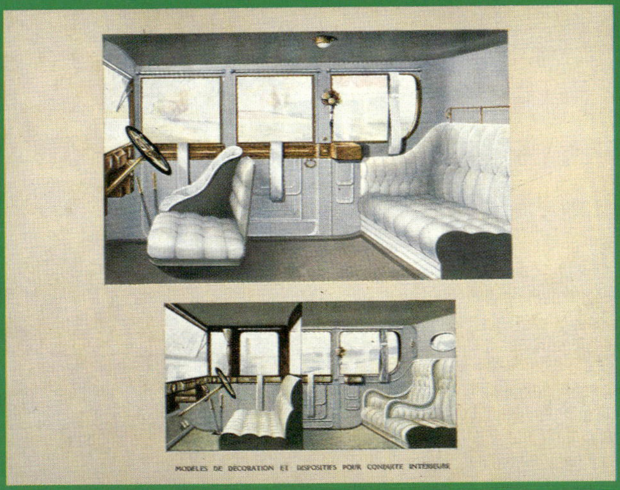

"EN MANŒUVRES".
Petit chef-d'œuvre réalisé par Gamy en 1914. Il représente le tracteur Châtillon-Panhard durant des manœuvres. Cette publicité fut réalisée par l'Agence Mabileau à Paris pour Panhard et Levassor (1895/1959).

GAMY

René Vincent fut certainement l'un des plus talentueux illustrateurs ayant œuvré dans le monde de l'automobile en ce début de siècle. En 1907, il réalisa vraisemblablement ce qui s'est fait de mieux en matière d'illustration pour des catalogues. Commandés par Berliet, édités en français, allemand, anglais et espagnol, ces petits chefs-d'œuvre ont aujourd'hui une grande valeur marchande et restent pour les connaisseurs des références en la matière. Tout comme la réputation des Berliet, la renommée de René Vincent allait traverser l'Atlantique, et en 1910 celui-ci signa deux magnifiques contrats. L'un avec le magazine Harper's Bazaar et l'autre avec le Saturday Evening Post, un hebdo pour lequel l'un des géants de l'illustration, Norman Rockwell, signa 332 couvertures. Une référence.

Illustration extraite du fameux catalogue réalisé par René Vincent en 1907; Celle-ci représente une automobile Berliet dans les rues de Bombay.

Ci-dessus : Toujours extraite du catalogue de 1907, cette fois l'illustration nous mène en Espagne, à Séville où une voiture Berliet se trouve confrontée à une situation tauromachique.

C'est ainsi que René Vincent s'imaginait les mylords au volant de leurs somptueuses automobiles. Cette illustration fait également partie du catalogue de 1907.

Paris - Cette fois la Berliet passe par la capitale française et en un endroit qui symbolise à merveille les terrains de prédilection des élégantes et de la bourgeoisie de l'époque. Les champs de course.

Changement de registre et d'année. Cette fois René Vincent illustre la couverture d'un catalogue pour les châssis ARBEL (Douai et Rive de Gien/Loire).

1907 - Retour aux USA. Cette fois à Chicago où l'on assiste à une attaque de la Berliet par les "mauvais" peaux-rouges. Au fond, les buildings de la ville, et dans sa limousine, l'homme d'affaires, en sécurité, indifférent aux agitations extérieures.

La Berliet continue son tour d'Europe. Ici les "pilotes" se ravitaillent dans une auberge allemande à Nuremberg. (Catalogue Berliet - 1907).

Publicité pour le moteur 4 cyl. 16-20 HP Ballot, extraite d'un catalogue réalisé en 1919.

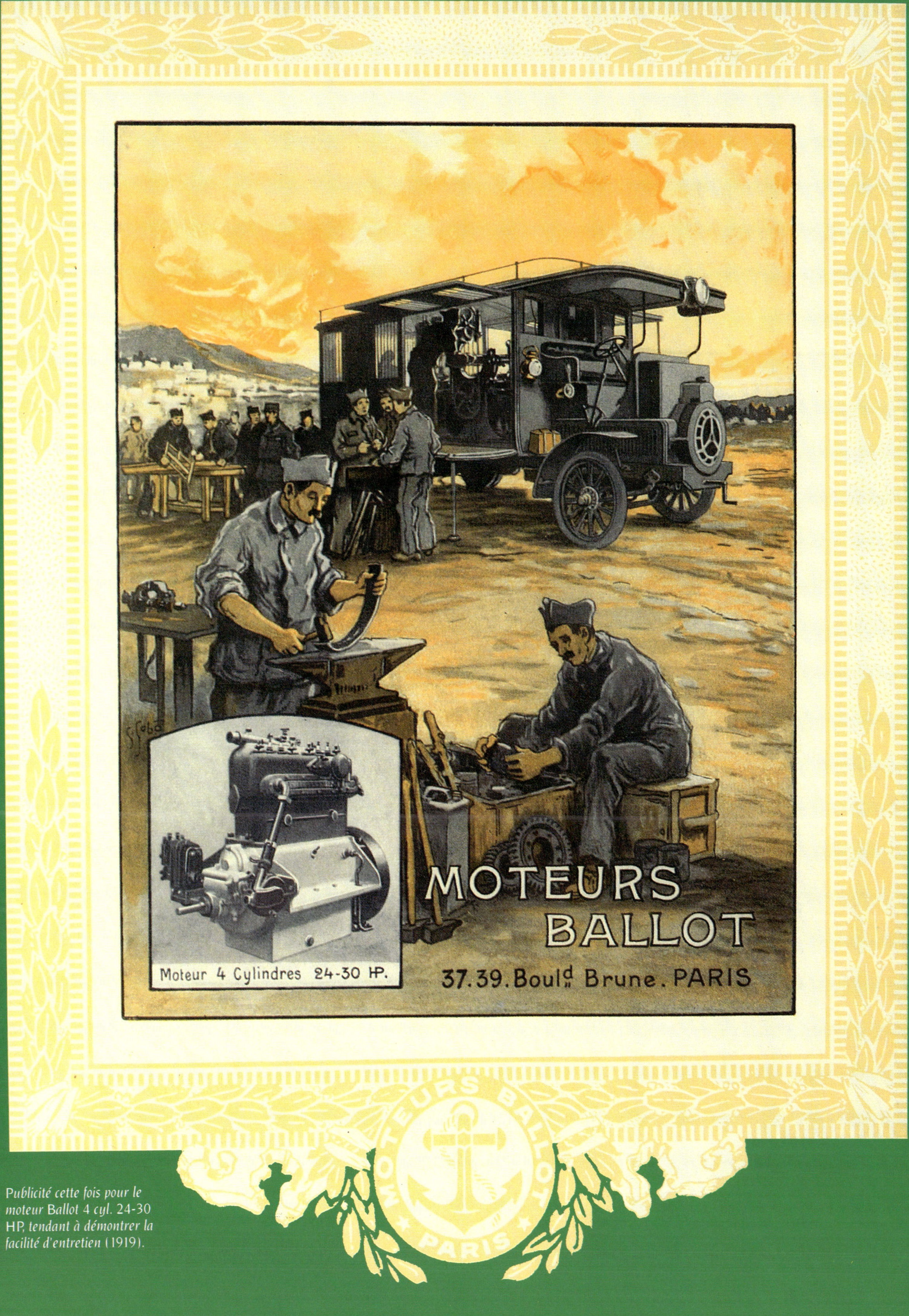

Publicité cette fois pour le moteur Ballot 4 cyl. 24-30 HP, tendant à démontrer la facilité d'entretien (1919).

LA RENOMMÉE
DU "MOTEUR BALLOT"
EST
MONDIALE
37 & 39 Bd BRUNE
- PARIS -

Dessin d'un carburateur monté sur les automobiles Berliet. Extrait d'un catalogue réalisé en 1913.

Couverture d'un catalogue réalisé en 1910 pour les automobiles Rochet-Schneider de Lyon.

Illustration extraite d'un catalogue publicitaire réalisé pour les automobiles de Dion-Bouton vers 1900. Comme on peut le constater sur ces documents, les auteurs de ces petits chefs-d'œuvre omettaient la plupart du temps de signer leurs travaux.

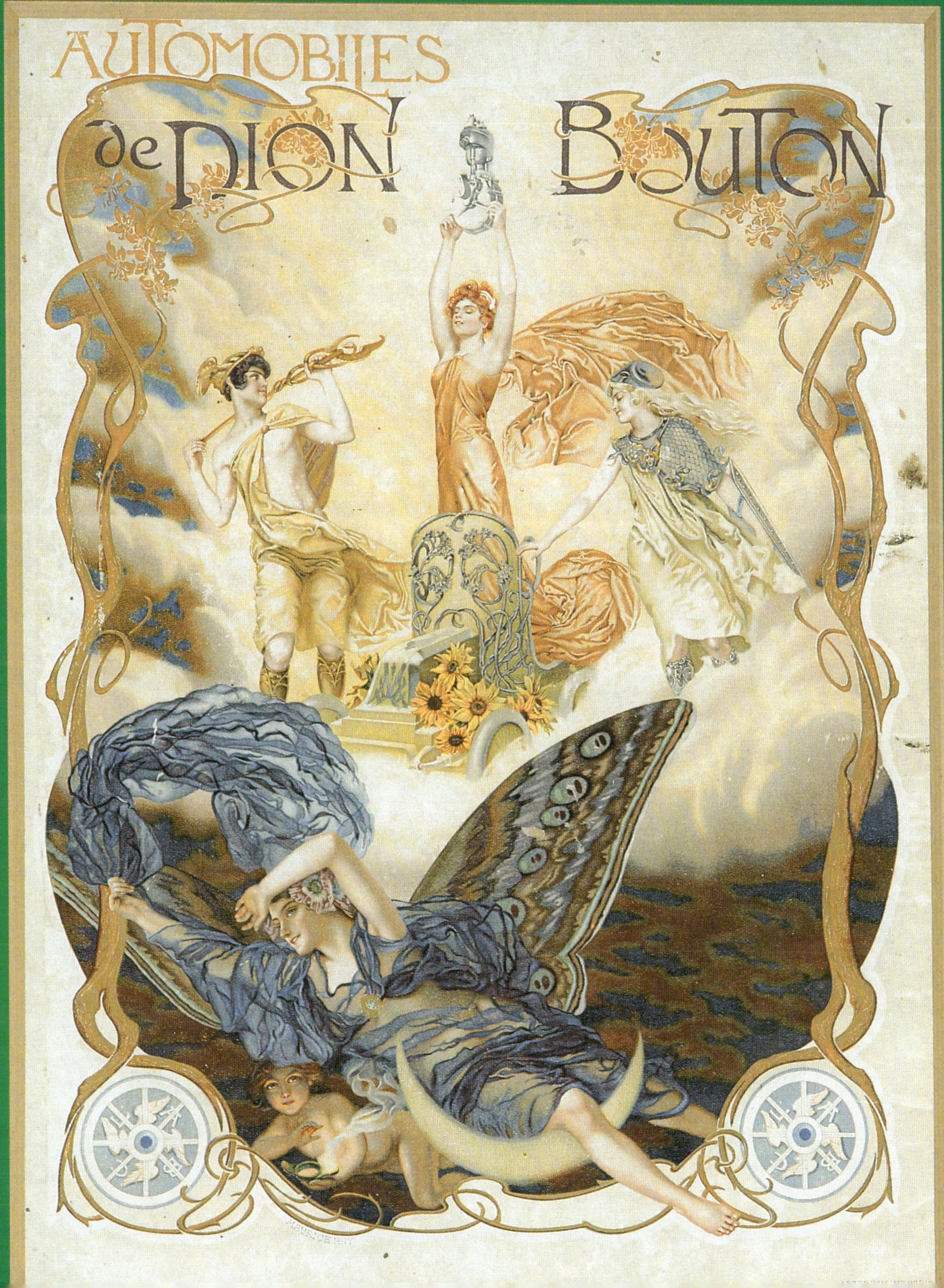

Page de gauche : Illustration extraite du catalogue des moteurs Ballot réalisé en 1919. (Imprimé par Draeger Frères en 1919). La plupart de ces illustrations sont signées par S. SOBO.

Rien ne l'arrête
ni les températures extrêmes
ni les rampes les plus fortes
ni les mauvais chemins
c'est une
BERLIET
Cette affiche ne peut être apposée sans timbre à l'extérieur
Création 1924 des Imprimeries JOSEPH-CHARLES PARIS

Double page de publicité extraite du catalogue Berliet réalisé en 1935 et présentant toute la gamme de produits construits par la firme lyonnaise. On y présente même les camions spéciaux à gazogène au bois. De 4,2 à 7 tonnes. Exonérés de tous impôts, dit la pub.

Un must en matière d'affiche, réalisée pour les automobiles Berliet. Celle-ci est signée Capiello et date de 1922, et elle faisait partie d'une série appelée les "Nouvelles Affiches Capiello". Elles étaient imprimées aux Ateliers d'Art Devambez à Paris.

Affiche publicitaire présentant le Berliet Diesel six GDM à Lisbonne en 1948. Celle-ci a été tirée à 3 000 exemplaires à l'imprimerie Lito-A-Cartographica/Lisboa.

Page de gauche : Affiche publicitaire réalisée en 1924 par les Imprimeurs Joseph-Charles - Paris.

Publicité pour les pneumatiques Michelin. Couverture d'un catalogue réalisé en 1912. Bibendum est déguisé en Pierrot et il présente le théâtre illustré du pneu. Dessin de E.L. Cousyn.

Michelin. Couverture d'un catalogue publicitaire réalisé en 1912.

Publicité Saviem réalisée par J.L. Mercier et imprimée chez Dupuy à Paris.

Illustration réalisée par Jacquet pour les Autocars Ricou de Grenoble. Imprimé en France par les Gds Ets de l'Imprimerie Générale S.A. Grenoble.

Extrait du catalogue Berliet de 1955. Présentation du GLA essence en version plateau laitier.

Publicité pour les huiles Berliet. Dessin réalisé par EMM. Gaillard vers 1955. Imprimé par les Ets de La Lasselans.

A gauche : Couverture du catalogue CIBIE. Réalisée *en 1932 par un grand de l'illustration :* Alexis Kow. Ci-contre : 1957. Publicité Berliet 1010 *b. L'illustration laisse la place à la photo.*

1935. Pages extraites des catalogues Berliet et présentant les nouvelles gammes de moyens et gros porteurs à huile lourde de 3 tonnes à 10 tonnes utiles, (*ci-contre*), et des types GDR, GDM, TLR, GPM, TDM et enfin le tout dernier GLR. (*ci-dessous*).

Ci-dessous : Un magnifique document. Cette illustration a été réalisée en 1928 par le talentueux Coulon et imprimée par Draeger. Présentation du camion Renault et publicité pour la société de crédit D.I.A.C.

A gauche : 1935. Publicité réalisée en 1935. Présentation des 4 500 kg utiles essence ou Diesel. Ci-contre : Extrait du catalogue Berliet de 1935. Ici il s'agit des camions légers de 2 500 kg et 3 500 kg utiles.

Illustration réalisée pour un dépliant publicitaire en 1957. Promotion des camions Unic, modèles Lautaret et Izoard. Des véhicules légendaires.

Dépliant publicitaire de 1949. Illustration réalisée par le grand Alexis Kow pour les camions Panhard (Panhard et Levassor - 1895/1959).

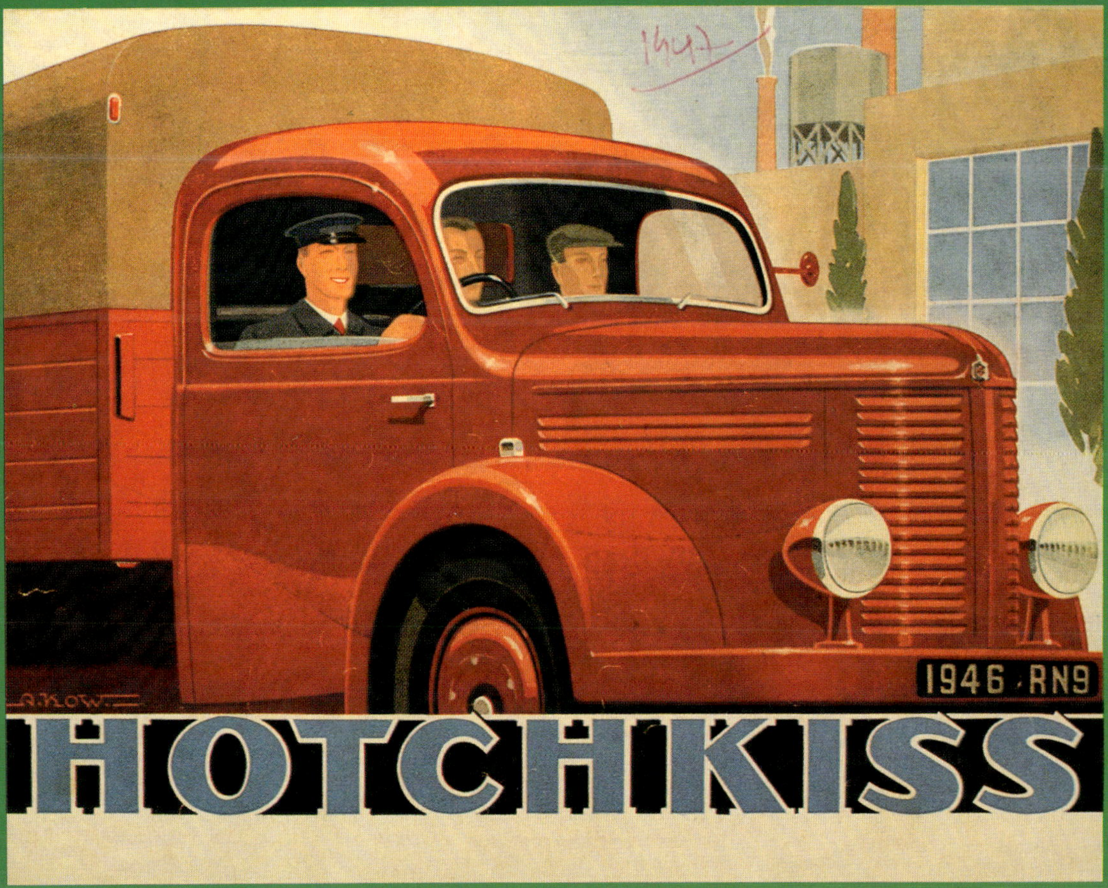

Publicité Hotchkiss. Illustration réalisée également par Alexis Kow en 1947. Benjamin Berkeley Hotchkiss, né en 1828 à Watertown aux USA, était connu également pour les magnifiques limousines qu'il construisit et qui s'illustrèrent dans des rallyes comme celui de Monte-Carlo.

Automobile Berliet. "Victoria" 16 ch de 1911/1912. Assis derrière : le Président Raymond Poincaré et Mme. Cette photo a été prise en 1913.

Camion Berliet CBA. (1925). Sa majesté le Roi d'Espagne au parc de Guadalajara passant en revue les camions Berliet du centre Electrotechnique.

Marius Berliet au volant de la 4 cylindres C2 en 1908.

Le capitaine Cros De Lafargue, avec toute l'élégance qui sied à un homme de son rang, en plein désert, assis sur le premier "aérosable" qu'il construisit avec les débris d'un avion détruit à Biskra (1912).

1926 - *Omnibus d'hôtel* Berliet VHS *devant le* Carlton.

1912 - *Camion Berliet de* 2,5 t *monté sur bandages* Michelin. *Ces véhicules qui équipaient le parc de* l'American Express Co, *ressemblent étrangement aux* Ford *utilisés par* United Parcel Service *à* Seattle, USA, *dans les années* 20 *et* 30.

1928 - *Camionnette* Berliet VKR. *La pub sur les véhicules de livraison avait déjà fait son apparition.*

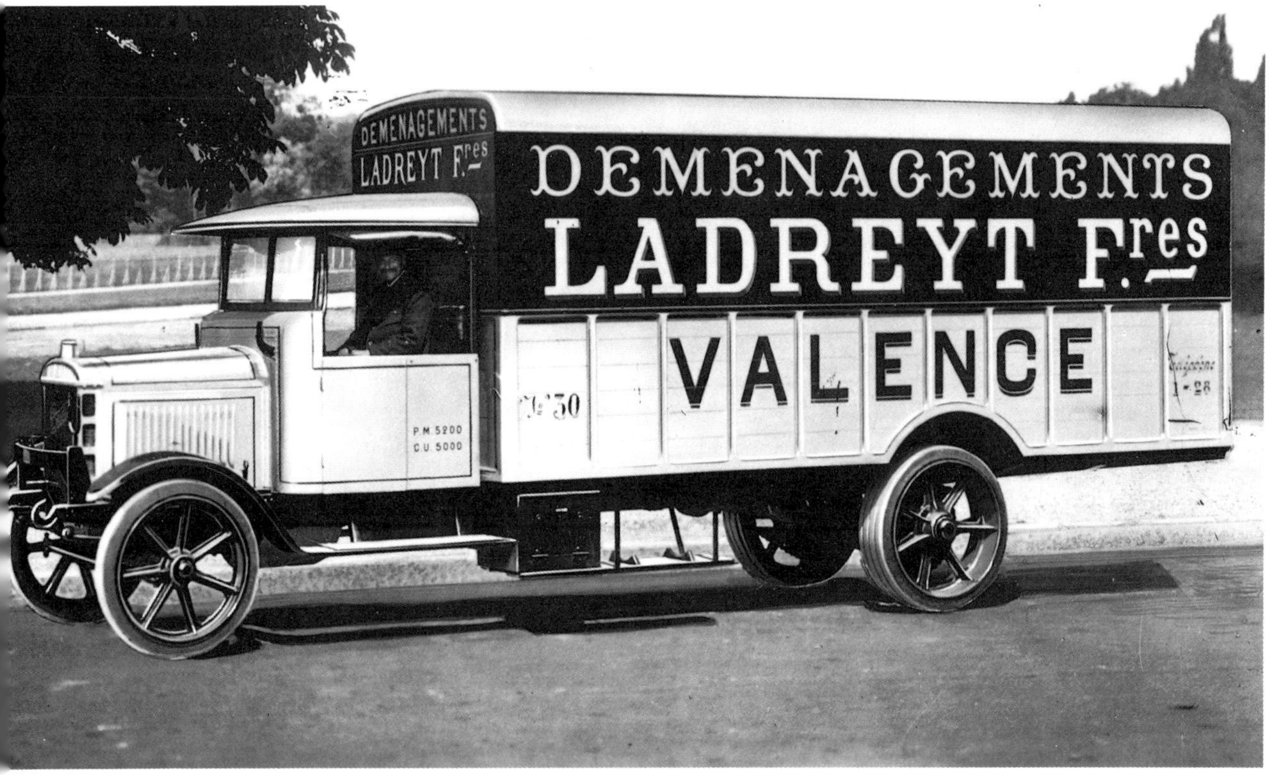

1925 - Berliet CBAB. *Camion de déménagement des Ets Ladreyt Frères de Valence*

1925 - Magnifique petite camionnette Berliet VHS *utilisée par le magasin d'ameublements "Au grand Trianon" à Paris. Une décoration pour le moins originale et cependant courante à l'époque.*

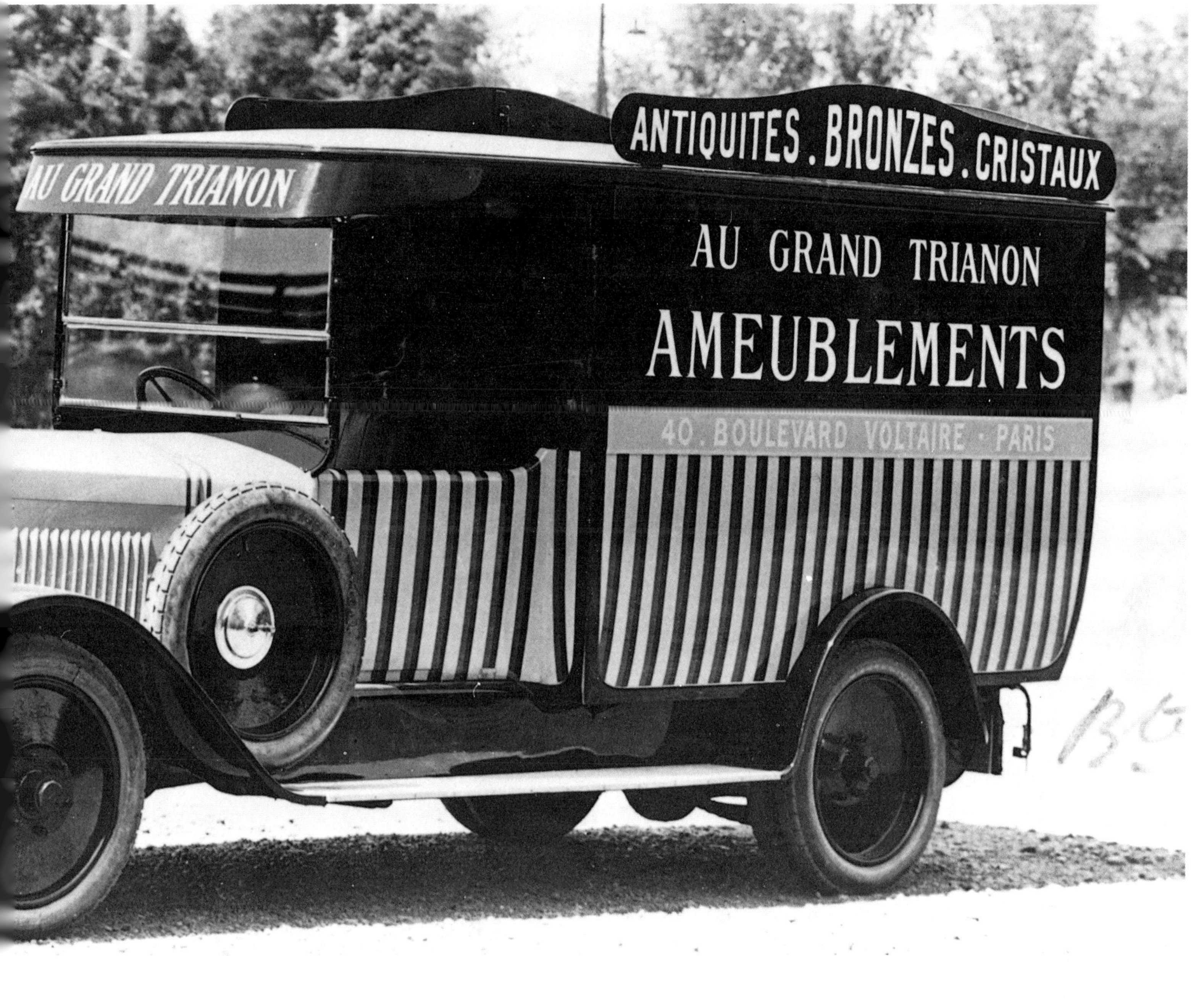

1911 - *Véhicule d'incendie Berliet type* CAK. *Au second plan, on aperçoit une charrette tractée par un cheval. L'ère mécanique était à cette époque en train de supplanter tranquillement mais sûrement l'ère animale dans les rues de Paris.*
Ci-dessous : 1911 - *Un autre* CAK *sur les pavés de la capitale. Il est équipé du robuste* 120 × 140 *de* 40 *hp.*

Ci-dessus : 1926 - Camion Berliet à essence, 7 tonnes de charge utile. Monté sur pneus "Ballon" permettant une vitesse de 45 km/h à partir de 1926.

1923 - le "pâteux" Combeller charge sa camionnette Berliet type V.I. avant de s'en aller livrer ses miches de pain.

1912 - Duhem, épicier en gros à Lons-le-Saunier (Jura) charge les tonneaux de vin dans son Berliet CAD.

Berliet M du Service de l'Armée durant les grandes manœuvres de 1907. Notez le "patin" du frein monté sur la roue arrière et la transmission par chaîne.

Un document assez exceptionnel. Chargement d'un Berliet CAT à la scierie mécanique Rubin, de Tignieu-Jameyzieu (Isère). Le garde-boue a fait son apparition, la cabine en dur également, mais le frein reste le même. (1912).

Ci-dessus : Camionnette Berliet (1903). *A droite, voiture à hélice aérienne* N° 3. *Cette voiture est construite pour des reconnaissances militaires au* Maroc. *Moteur Clerget, 4 cyl. 60 hp, hélice à 6 pales à pas variable, diam : 3,7 m, poids de la voiture, 600 kg.*

1909 - *Le raid du capitaine Pein Ouargla-El Golea avec une motocyclette Rochet. Au Nord des dunes d'El-Golea, l'absence de boîte de vitesses et les pneumatiques trop minces auraient conduit l'audacieux à une mort certaine s'il n'avait été sauvé in extremis par une patrouille lancé à sa rencontre.*

1912 - *Camion de chantier* Berliet CAT *équipé d'une benne en bois basculante. Vraisemblablement l'ancêtre de nos camions porteurs équipés aujourd'hui de vérins hydrauliques.*

1926 - La Buire. Constructeur lyonnais de 1904 à 1939. Couverture du catalogue des automobiles La Buire. Ces automobiles jouissaient d'un prestige particulier en Russie où elles avaient remporté plusieurs courses. En 1913, une usine fut mise en chantier à Saint-Petersbourg, mais la guerre en empêcha l'achèvement. La qualité des voitures lyonnaises et leur excellente réputation de fiabilité leur valut d'être remarquées par les plus hautes instances officielles. En 1910, le président Raymond Poincaré se déplaçait dans une Berliet carrossée à Lyon par Faurax, puis en 1913 avec 25 CV Rochet-Schneider, carrossée à Paris par Belvalette. En 1925, le président Gaston Doumergue roulait en Cottin-Desgouttes, et en 1900 le Shah de Perse possédait une Teste et Moret et enfin la dernière Rochet-Schneider fabriquée fut livrée au bey de Tunis. La Rochet-Schneider était la "Rolls" française, elle était construite à Lyon et carrossée par Billeter et Cartier.

L'industrie lyonnaise automobile qui a vu naître sur son sol quelque 244 marques de camions et de voitures fut en 1907 celle qui dans le monde concurrença le le mieux l'industrie parisienne. Reconnu comme étant des constructeurs automobiles hors-pair, les Lyonnais ne furent pas moins de 60 à faire parler d'eux, égalant, voire même surpassant pour leur qualité de finisseurs et de metteurs au point, les constructeurs groupés dans le département de la Seine. Réputés dans le monde entier pour leur robustesse et leur puissance, ces véhicules conçus pour les routes de montagne du Dauphiné et des Alpes, servaient à tel point de modèle, que dès 1914, on parlait de l'Ecole Automobile Lyonnaise.

LES CONSTRUCTEURS AUTOMOBILES LYONNAIS

Les fameux Audibert et Lavirotte au volant de leur camion en 1898. Marius Berliet racheta leur usine en 1902.

BERLIET
700
4
7155 AL 8
FONDATION M. BERLIET
LYON-FRANCE

Superbe roadster Cottin-Desgouttes "sans secousses". Une voiture de sport équipée d'un 6 cylindres en ligne de 14 CV, d'une suspension indépendante à l'avant et de 4 ressorts transversaux à l'arrière, avec pont type De Dion.

Le légendaire T100 de 600 ch construit par Berliet en 1959 et l'une des 4 Cottin-Desgouttes qui participèrent au rallye Alger-Gao-Tunis en 1930 et le remportèrent.

Publicité publiée dans les Annales Sportives de Lyon et du Sud-Est en 1914.

Constructeurs d'automobiles renommés, les Lyonnais n'en négligeaient pas pour autant la fabrication des accessoires et équipements pour les véhicules légers et lourds. Tel ce fabricant de phares, Savignon, qui en 1907 avait fait imprimer un magnifique catalogue présentant sa production.

Vue générale des usines de la Société du Carburateur Zenith à Lyon. Comme on peut le constater sur cette photo, les constructeurs lyonnais avaient des ambitions et ne lésinaient pas sur les moyens à mettre en œuvre pour les mener à terme. (1913).

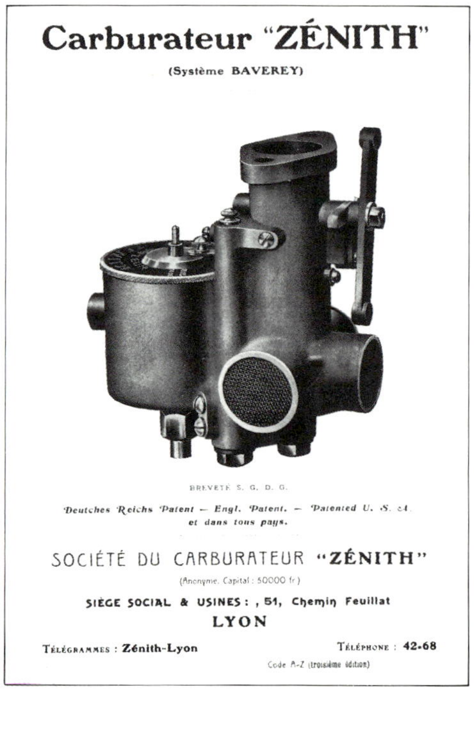

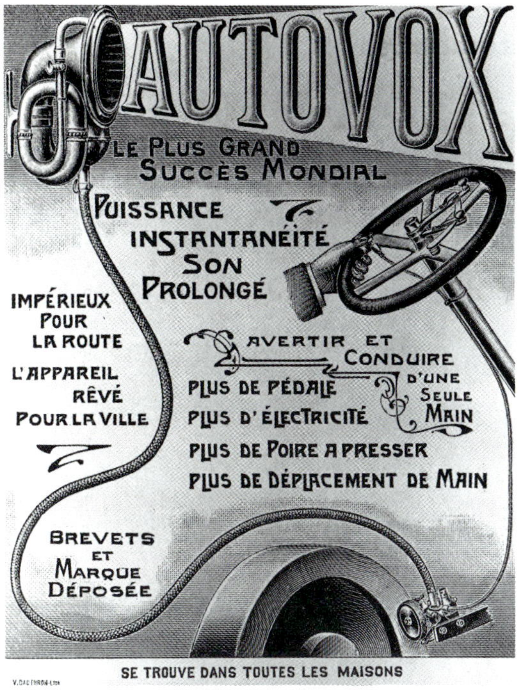

A gauche : l'un des premiers carburateurs mis au point par Zenith en 1913. Au centre : Publicité pour les carburateurs Zenith, où il est "déjà" question d'un "échange"... quelle que soit la marque (publié dans la presse en 1925). Ci-contre : un autre grand lyonnais de l'accessoire. Autovox. Publicité publiée dans les Annales Sportives de Lyon *et du Sud-Est en 1913/1914.*

Né le 5 octobre 1918 à Lyon, Paul Berliet vit, dès son enfance, dans l'ambiance des usines créées et dirigées par son père, Marius Berliet. Après des études secondaires, il travaille deux ans dans les différents ateliers de l'usine de Vénissieux, entrecoupés de stages à l'étranger, en Grande-Bretagne. Puis c'est le service militaire et la guerre qu'il accomplit comme sergent moniteur dans les Chasseurs de Haute Montagne. Nommé en 1954 Directeur Général Adjoint de la Société Anonyme des Automobiles Marius Berliet, il s'attache à développer moyens et méthodes qui permettront à l'Entreprise de passer progressivement d'une cadence quotidienne de 17 véhicules en 1950 à une capacité de 140 véhicules par jour, d'un effectif de 7 500 personnes à 23 000, à fin 1974 et de hisser une Société régionale à un niveau international. Dès 1957 il se tourne vers les pays neufs : il fonde une usine en Algérie en 1958 et au Maroc en 1959; la même année, il lance deux missions scientifiques et économiques à travers le Ténéré. C'est encore avec des pays en voie de développement, Chine, Cuba, Pologne, etc. que sont conclues des conventions d'industrialisation, d'assistance, de formation. En 1962, il accède à la Présidence de la Société des Automobiles M. Berliet et signe, en 1967, un accord d'association avec le Groupe Citroën. Il conserve sa charge de Président Directeur Général d'Automobiles M. Berliet. Il est coopté en qualité d'Administrateur de Citroën S.A. En 1975, Automobiles M. Berliet, détachée du Groupe Michelin/Citroën, rejoint le Groupe Renault. En 1978, Paul Berliet devient Vice-Président de Renault Véhicules Industriels. Il préside la Fondation de l'Automobile Marius Berliet en 1982, année de sa création. Elle a pour objet la sauvegarde et la valorisation de l'automobile régionale et de l'ensemble du poids lourds français.

Paul Berliet

Distinctions :

Commandeur des Arts et Lettres.

Officier de la Légion d'Honneur.

BERLIET

The Society of Automotive Historians

JAMES J. BRADLEY
DISTINGUISHED SERVICE AWARD

presented to

FONDATION DE L'AUTOMOBILE
MARIUS BERLIET

in recognition of its outstanding contributions
to the preservation of historical material
related to the motor vehicles of the world

Hershey, Pennsylvania **October 7, 1988**

PRIX JAMES BRADLEY (USA) : UNE CONSECRATION INTERNATIONALE.

La Fondation Berliet a reçu de la Société Américaine des Historiens de l'Automobile le Prix James Bradley 1988. Cette récompense est attribuée, une fois l'an, en reconnaissance de "la contribution éminente apportée à la sauvegarde de la mémoire automobile dans le monde".

La Fondation de l'Automobile Marius Berliet a été dès sa constitution, le 8 janvier 1982, reconnue d'utilité publique.
Cette mémoire métallique et documentaire devient un champ d'investigation essentiel pour chercheurs et historiens français ou étrangers qui peuvent ainsi entreprendre ou compléter chaque année de nouveaux travaux.
De nombreuses publications et vidéogrammes témoignent de son rôle éducatif et culturel.
Les interventions de la Fondation à des colloques nationaux et internationaux contribuent à une réflexion d'ensemble sur la place de la culture industrielle dans notre civilisation.
Les études, en liaison étroite avec la Direction Générale des Archives de France, sur la mise en place des archives du monde du travail, préparent la "Mémoire du Futur". La Fondation M. Berliet fait partie du Conseil Supérieur des Archives créé en 1988. Elle y est représentée par son Président Paul Berliet.
La participation de la Fondation aux manifestations officielles organisées dans le cadre de la commémoration des anniversaires de la guerre 14-18 est, à cet égard, tout à fait significative de sa vocation historique et culturelle.
Rappelons qu'en la circonstance, la Fondation a su en moins de 12 mois retrouver, restaurer, équiper et mettre en état de marche 13 des camions et tracteurs qui, en 1916, avaient participé à l'épopée de la Voie Sacrée. Ces véhicules, rigoureusement identiques à ceux d'origine, ont pris part aux cérénomies ou défilés en convoi, sans le moindre incident mécanique.
Enfin, la décision du Ministère de la Culture, le 2 novembre 1988, de classer parmi les Monuments Historiques le camion Berliet, type M de 1910 en qualité de "représentant de la première génération de camions" marque la reconnaissance officielle de la Culture Industrielle.

Editions Charles Massin, 16-18 rue de l'Amiral Mouchez, 75014 Paris - Tél. : 45 65 48 48

I.S.B.N. 2-7072-0201-0